ARS BREVIS

ATALANTA

5

APULEYO
AMOR Y PSIQUE

TRADUCCIÓN
ALEJANDRO COROLEU

APULEYO Y LA FORTUNA
ANTONIO BETANCOR

ATALANTA

2019

En portada: fresco hallado en la Casa de los Epigramas,
en Pompeya, Museo Arqueológico Nacional de Nápoles.
En contraportada: Eros, Marte y Venus. Pompeya,
Museo Arqueológico Nacional de Nápoles.

Dirección y diseño: Jacobo Siruela

Tercera edición

Título original: *Amor et Psyche*
(*Metamorphoses*, libros IV, V y VI)
© De la traducción: Alejandro Coroleu
© De «Apuleyo y la fortuna»: Antonio Betancor
© EDICIONES ATALANTA, S. L.
Mas Pou. Vilaür 17483. Girona. España
Teléfono: 972 79 58 05   Fax: 972 79 58 34
atalantaweb.com

ISBN: 978-84-942276-8-4
Depósito legal: GI-863-2014

ÍNDICE

Amor y Psique

Apuleyo

(IV, 28) Había una vez en una ciudad un rey y una reina que tenían tres hijas, notables por su hermosura.[1] Las dos mayores, aunque de aspecto encantador, aún merecían poder ser celebradas con alabanzas humanas; en cambio, la belleza de la más pequeña era tan excepcional y extraordinaria que la pobreza del lenguaje humano no podía expresarla, ni siquiera alabarla suficientemente. Muchos ciudadanos y numerosos forasteros, a los que la noticia de tan singular visión congregaba en ansiosa concurrencia, asombrados por la admiración de una hermosura tan inaccesible, la veneraban, acercándose con devoción religiosa a los labios los dedos pulgar e índice de la mano derecha, como si se tratase de la propia diosa Venus.[2]

1. El texto empleado para la traducción es el de la edición de R. Helm, publicada en la colección Teubner (Leipzig, 1968), del que, no obstante, nos apartamos en un par de ocasiones.

Se había extendido por las ciudades más próximas y por las regiones vecinas el rumor de que o bien la diosa, a la que había engendrado el azul profundo del mar y había criado la mollina de las olas espumosas, vivía entre el populacho, obsequiándole el don de su continua presencia, o bien que, por una nueva fecundación del rocío celeste, esta vez la tierra, y no el mar, había producido otra Venus, dotada de la flor de la virginidad.

(29) Así, día a día, crece formidablemente esta creencia; la fama cada vez más extendida se esparce por las islas más próximas, por una parte del continente y por numerosos países. Muchos mortales, recorriendo largos caminos y surcando profundísimas extensiones del mar, acudían a contemplar el glorioso prodigio de aquella época. Nadie navegaba ya hacia Pafos, ni hacia Cnidos, ni siquiera hacia la misma Citerea para ver a la diosa Venus.[3] Los sacrificios se aplazan, los templos son degradados; se pisan las almohadas sobre las que se colocan las imágenes divinas, son suprimidas las ceremonias; ya no se coronan con flores las estatuas, y los altares, vacíos, son ensuciados con ceniza fría. Se dirigen súplicas a la doncella y honran en un rostro humano la majestad de tan gran diosa; por la mañana, mientras la doncella pasea, aplacan el nombre de Venus, ausente, con sacrificios

2. En señal de admiración.
3. Situados respectivamente en Chipre, Asia Menor y en la costa del Peloponeso, Pafos, Cnidos y Citerea eran tradicionalmente lugares de culto de la diosa Venus.

y banquetes rituales, y cuando pasea por calles y plazas el pueblo la invoca con flores y guirnaldas.

Este desmedido desplazamiento de los honores divinos hacia el culto de una muchacha mortal enciende con ardor los ánimos de la verdadera Venus, que, incapaz de contener su indignación, agitándose y sacudiendo la cabeza, dice para sí:

(30) «He aquí que yo, la madre primigenia de la naturaleza, el origen iniciador de los elementos, yo, Venus, nodriza de toda la tierra, me veo arrastrada a compartir los honores dignos de mi majestad con una muchacha mortal, y mi nombre, de fundación celestial, es profanado por la sordidez terrenal. ¡Tan sólo me falta tolerar una dudosa veneración de segundo rango, teniendo que compartir los sacrificios a mí debidos, y que una muchacha que al fin y al cabo es mortal pasee por todos lados mi imagen! En balde aquel pastor, cuya justicia y fidelidad pudo comprobar el gran Júpiter, me prefirió a diosas tan importantes por mi aspecto eximio.[4] Pero esta muchacha, sea quien sea, no usurpará, gozosa, mis honores durante mucho tiempo: pronto haré que se arrepienta incluso de su irreverente encanto».

Y al punto llama a aquel hijo suyo alado,[5] tan temerario que, con sus malas costumbres, desprecia

4. Se trata de Paris, pastor e hijo del rey de Troya, que escogió a Venus, antes que a Juno y Minerva, al haber de decidir cuál de las tres diosas era la más bella. Como recompensa, recibió a Helena, acción que motivó la guerra de Troya.

5. Cupido.

la moralidad pública, y, armado con llamas y flechas, correteando por las noches por entre las casas de los demás y desuniendo todos los matrimonios, comete impunemente tantas acciones deshonrosas y no hace nada bueno. A éste, ya de por sí frívolo y licencioso, Venus lo excita aún más con sus palabras, lo conduce a aquella ciudad y le muestra a Psique en persona, pues así se llamaba la muchacha.

(31) Después de haberle relatado toda aquella historia sobre la rivalidad en belleza, gimiendo y agitándose indignada, le dice: «Te lo suplico por los lazos del amor maternal, por las dulces heridas de tus flechas y por las suaves quemaduras de tu fuego, concede a tu madre una venganza pero que sea completa y véngate severamente de esta belleza rebelde. Haz, de buen grado, esto y sólo esto por encima de todo: que esta doncella sea poseída por el amor más apasionado del hombre más vil, un hombre al que la Fortuna haya golpeado en su dignidad, en su patrimonio e incluso en su propia persona, y que sea tan desgraciado que no se pueda encontrar a nadie que se le asemeje en infortunio».

Así habló y con los labios entreabiertos besó a su hijo largamente y con ardor. A continuación, se dirige a las orillas próximas de la costa donde rompen las olas y, pisando con sus pies rosados la cresta del agua de las olas centelleantes, se sienta sobre la serena superficie del mar profundo. Tan pronto como ella lo desea, y al unísono, como si lo hubiera prescrito con antelación, no se hace esperar el homenaje de los habitantes del mar: acuden las hijas de Nereo, cantando cual coro, y Portuno, de barba hirsuta y azulada, y Salacia, con la falda cargada de peces, y Palemón, el pequeño auriga que monta sobre un delfín; por todas partes, saltando a través de la mar, acude también un grupo de tritones: uno hace soplar el sonoro cuerno marino, otro la protege del calor del sol abrasador con un velo de seda, otro acerca un espejo a los ojos de la señora, mientras otros, unidos a su carro en parejas, arrastran el carro nadando bajo el agua. Tal es el ejército que escolta a Venus cuando se dirige hacia el Océano.[6]

(32) Entretanto Psique, con toda su espléndida belleza, no obtiene fruto alguno de su encanto. Todos la contemplan, todos la alaban, pero nadie, ni rey ni persona de estirpe real, ni siquiera uno de la plebe se acerca a ella, deseoso de pedirle la mano en matrimonio. Ciertamente todos admiran su apariencia divina, pero cual si fuera una estatua trabajada por un artista. Ya hacía tiempo que las dos hermanas mayores, cuya discreta belleza la gente jamás había pregonado, después de haber sido prometidas a pretendientes reales, habían celebrado bodas felices.

6. Las Nereidas eran divinidades que vivían en el fondo del mar. Portuno era el dios de los puertos. Salacia era la diosa romana de las olas. Palemón, dios marino de origen griego, al que un delfín rescató de las aguas después de que su madre se suicidara lanzándose al mar. Los tritones, servidores de Neptuno, poseían forma de hombre en la parte superior de su cuerpo, y de pez en la inferior.

Psique, en cambio, virgen y sin que nadie la pretenda, quedándose en casa, llora su soledad, enferma de cuerpo y herida en su ánimo; y, por más que su belleza a todos complace, en su corazón ella la odia.

Por ello, el desgraciadísimo padre de una hija tan infortunada, sospechando el odio de los habitantes del cielo y temiendo la ira de los dioses, consulta el oráculo antiquísimo del dios de Mileto y suplica con ruegos y sacrificios a divinidad tan importante bodas y marido para doncella tan desdichada.[7] Pero Apolo, aunque griego y de Jonia, en consideración al autor de esta milesia,[8] responde así en latín:

(33) «En la cima de una montaña, deja, ¡oh, rey!, a la muchacha, vestida con las ropas propias para unas bodas funestas. Y no esperes un yerno nacido de estirpe mortal, sino un monstruo cruel, feroz y viperino, que, volando con sus alas por los aires, a todos importuna y con su llama y hierro cada cosa consume, a quien incluso el propio Júpiter tiene miedo, que causa pavor entre los dioses y horror entre las aguas y las tinieblas de la Estigia».[9]

El rey, en otro tiempo feliz, tras oír la respuesta del oráculo sagrado, vuelve a casa apesadumbrado y

7. Mileto era un santuario que albergaba uno de los dos oráculos del dios Apolo.

8. Apuleyo alude a sí mismo en cuanto autor de un relato que pertenece al género de la novela milesia, novela de corta extensión cuyo primer autor conocido fue Aristides de Mileto, de quien el género tomaría su nombre.

9. Laguna del mundo subterraneo.

triste y explica a su esposa los preceptos de la fatídica suerte. Todos se entristecen, lloran y se lamentan durante muchos días.

Pero ya llega la tétrica hora de hacer cumplir la cruel suerte. Ya se disponen los preparativos de las funestas nupcias de tan desgraciada doncella. Ya la luz de la antorcha languidece en la cera del hollín ennegrecido, el sonido de la flauta nupcial se transforma en la melodía llorosa de Lidia[10] y el canto alegre del himeneo se acaba con un lúgubre alarido mientras que la muchacha que está a punto de casarse se seca las lágrimas con su propio velo. También toda la ciudad lamenta el triste azar de casa tan afligida y al punto se decreta la correspondiente suspensión de los asuntos públicos, como muestra de luto oficial.

(34) Pero la necesidad de obedecer las órdenes celestiales le exigía a la pobrecita Psique soportar el castigo que le había sido asignado. Así pues, terminados con suma tristeza los rituales de la fatal boda, el entierro de una viva es seguido por todo el pueblo, y Psique, entre lágrimas, es escoltada no a sus nupcias, sino a sus exequias. Mientras los entristecidos padres, abatidos por tan gran desgracia, se aprestan a llevar a cabo aquella acción espantosa, su propia hija les exhorta con estas palabras:

10. Según la costumbre, en las bodas los participantes llevaban antorchas encendidas y cantaban himeneos o cantos nupciales. El modo lidio de tocar la flauta se caracterizaba por su patetismo.

«¿Por qué torturáis vuestra infeliz vejez con un llanto tan duradero? ¿Por qué fatigáis vuestro aliento, que es más mío que vuestro, con lamentos tan frecuentes? ¿Por qué afeáis vuestros rostros, tan venerados por mí, con lágrimas tan inútiles? ¿Por qué herís mis ojos con vuestra mirada? ¿Por qué os destrozáis vuestros blancos cabellos? ¿Por qué os golpeáis el pecho y el seno venerable? Éste será para vosotros el preciado premio de mi extraordinaria belleza. Demasiado tarde advertís que habéis sido abatidos por el golpe letal de un odio implacable. Cuando gentes y pueblos me celebraban con honores divinos, cuando me llamaban la nueva Venus con voz unánime, entonces os hubierais tenido que doler, entonces os hubierais tenido que lamentar, entonces hubierais tenido que llorarme como si ya estuviese muerta. Ahora me doy cuenta, ahora veo que muero sólo por el nombre de Venus. Llevadme y dejadme en la roca a la que me ha ligado la suerte. Me apresuro a acudir a unas nupcias tan felices, me apresuro a conocer a marido tan generoso. ¿Por qué lo retraso? ¿Por qué evito a quien nació para destruir el mundo?».

(35) Después de hablar así, la muchacha calló y con paso seguro se mezcló con la gente que la acompañaba. Se dirigen hacia la roca señalada de la elevada montaña, en cuya cima más alta, tal como habían decidido, abandonan todos a la muchacha. Allí dejan también, apagadas con sus propias lágrimas, las antorchas nupciales con las que se habían alumbrado y,

cabizbajos, se disponen a emprender el regreso. Los afligidos padres, abatidos por una calamidad tan grande, se escondieron en la oscuridad de la casa, la cerraron y se entregaron a una noche perpetua. Por su parte, a Psique, temblorosa, asustada, llorando en la cima de la roca, la ligera brisa del Céfiro[11] que soplaba suavemente la levanta con ternura con un soplo tranquilo, agitándole el vestido e inflándole la falda, y poco a poco la transporta por la pendiente de la alta roca y con cuidado la deja en tierra, en medio de un prado inaccesible en un recóndito valle.

11. Dios del viento del oeste.

(v, 1) Psique descansó dulcemente en aquel lugar de hierba blanda, sosegada de la perturbación que afligía su alma, recostada plácidamente sobre la hierba húmeda como si fuese un lecho. Y cuando hubo reposado lo suficiente, se despertó con ánimo sereno. Vio entonces un bosque formado por árboles altos y grandes, vio una fuente de agua muy transparente que brillaba como el cristal. En medio del bosque, junto al nacimiento de la fuente, había un palacio de apariencia regia, construido no con manos humanas sino con artes divinas. Desde la entrada podías ya advertir que se trataba de la residencia magnífica y encantadora de algún dios. Columnas de oro sostenían el techo de cedro y marfil tallado con esmero. Todas las paredes estaban cubiertas de tallas de plata que representaban bestias y otros animales parecidos que salían al paso de los que entraban.

¡Admirable y dotado de gran arte ha de ser el hombre, o el semidiós, o ciertamente el dios que, con tal sutileza, ha dado aspecto feroz a tanta plata! Incluso los mismos pavimentos, de mosaico de diminutas piedras preciosas, ofrecen composiciones pictóricas de diverso género. ¡Felices aquellos que, una y otra vez, pisan gemas y joyas! Las otras partes de la casa, tan preciosa que carece de precio, están dispuestas a lo largo y a lo ancho, y todos los muros, revestidos de bloque de oro macizo, brillan con tal esplendor que la casa posee luz propia, por más que el sol no luzca: así resplandecen las cámaras, los pórticos e incluso los batientes de las puertas. Y las otras riquezas de la casa corresponden, no menos, a la majestad de la casa, de manera que parece que este palacio celeste ha sido construido para la relación del gran Júpiter con los humanos.

(2) Psique, cautivada por la delectación de tales lugares, se acerca y, cada vez más confiada, atraviesa la puerta. Atraída por la gran belleza de todo lo que contempla, recorre cada una de las habitaciones y por todos lados ve estancias construidas con excelsa arquitectura y repletas de abundantes tesoros. No hay nada que allí no esté. Pero, más allá de la admiración que le causaban tantas riquezas, lo más sorprendente era que aquel tesoro de objetos de todo el mundo no lo protegía cadena, cerradura o guardián alguno. Mientras ella contemplaba, con el máximo placer, todas estas cosas, una voz sin cuerpo le dice: «¿Por qué, señora, te maravillas ante tantas rique-

zas? Todo esto te pertenece. Por tanto, retírate a una habitación, descansa en el lecho y, cuando lo desees, báñate. Nosotras, tus criadas, cuyas voces escuchas, te serviremos con esmero y, cuando te hayas ocupado de tu cuerpo, te esperará un banquete digno de una reina».

(3) Psique entendió que dicha ventura procedía de los dioses y, haciendo caso al consejo de las voces incorpóreas, hizo desaparecer su cansancio primero con el sueño y luego con un baño. Al punto, ve cerca de ella un sitial semiredondo y, pensando por los objetos que allí había que era el lugar idóneo para cenar, se tiende en él de buen grado. Inmediatamente le presentan vinos dulces como el néctar y abundantes platos de viandas variadas que nadie servía, sino que llegaban a ella transportadas por un viento ligero. Ella, con todo, no podía ver a nadie y tan sólo oía palabras que se perdían en el aire y los únicos sirvientes que tenía eran esas voces. Después del espléndido banquete alguien entró y se puso a cantar sin dejarse ver mientras tocaba una cítara que tampoco podía verse. Entonces a sus oídos llegó la voz de una multitud melodiosa, de modo que, aunque no aparecía persona alguna, era claro que se trataba de un coro.

(4) Una vez hubieron terminado todos los entretenimientos, con la noche invitándole a dormir, Psique se retiró a descansar. Avanzada la noche, un suave sonido alcanzó sus oídos. Temerosa por su vir-

ginidad a causa de la soledad tan completa, se atemorizó y horrorizó, pues le daba más miedo lo que desconocía que cualquier otro mal. De repente, apareció el marido desconocido, subió al lecho y convirtió a Psique en su esposa. Se marchó antes de que saliera el sol. Inmediatamente las voces, que esperaban fuera de la habitación, se ocupan de la nueva esposa por su virginidad perdida. Así sucedieron las cosas durante mucho tiempo. Y, según lo prescribe la naturaleza, la novedad con la rutina diaria produjo en Psique gran placer y el sonido de aquella voz desconocida le servía de consuelo ante su soledad. Entretanto, sus padres envejecían víctimas del duelo y de la tristeza infatigables. Se extendió la fama de lo que había sucedido hasta que las hermanas mayores se enteraron de todo y al punto, tristes y desconsoladas, abandonaron su casa y acudieron prestas a visitar y consolar a sus padres.

(5) Una noche, así habló el marido a su Psique, pues aunque ella no lo podía ver, sí podía tocarlo y oírlo: «Psique, muy dulce y querida esposa, una fortuna muy cruel, con un funesto peligro, te amenaza y considero que debes actuar con suma cautela. Tus hermanas, turbadas ante el rumor de tu muerte, llegarán pronto a esta roca después de haber seguido tu rastro. Si acaso escucharas sus lamentos, no les respondas ni las mires, pues a mí me causarás un gran dolor y a ti la mayor de las desgracias si así lo haces».

Psique asintió y prometió que actuaría de acuerdo con la voluntad de su marido, pero, una vez éste y la noche hubieron desaparecido, la pobrecita consumió todo el día entre lágrimas y llantos, repitiendo una y otra vez que estaba muerta, pues, recluida en una cárcel lujosa y privada del trato de una conversación humana, no podía ni consolar a sus hermanas que lamentaban su ausencia ni tampoco verlas. Sin poderse reconfortar con el baño, ni con la comida ni en definitiva con diversión alguna, se entregó al sueño llorando copiosamente.

(6) Sin demora, un poco antes de lo que era habitual, el marido se estiró en el lecho y, abrazándola porque todavía estaba llorando, le dijo: «¿Es esto lo que me prometías, Psique mía? ¿Yo que soy tu marido, qué puedo esperar de ti, qué esperanzas tengo? Día y noche me dejas atormentado, incluso cuando estás entre los brazos de tu esposo. Haz lo que quieras y obedece a tu ánimo, aunque te cause la ruina. Sólo te acordarás de mi seria advertencia cuando ya sea demasiado tarde para poderte arrepentir».

Pero ella, con ruegos, amenazándole que se morirá, consigue que su marido acceda a sus deseos de ver a sus hermanas, de consolarlas y de hablar con ellas. Así aquél dio su consentimiento a las súplicas de la joven esposa y además le permitió que les diera todo el oro y todas las joyas que quisiese. Al mismo tiempo le advirtió e incluso la aterró diciéndole que, convencida por el funesto consejo de sus hermanas, no intentara ver qué apariencia tenía su marido. Si cedía a tal sacrílega curiosidad, caería de tan alta felicidad y no podría abrazarlo nunca más.

Ella dio las gracias a su marido y con ánimo ya más alegre le dijo: «Preferiría morir cien veces a verme privada de este tu amor tan dulce. Te quiero y, seas quien seas, te amo más que a mi propia vida y no te cambiaría ni por el propio Amor. Pero, te lo ruego, cede a mis súplicas y ordena a tu criado, el Céfiro, que traiga aquí a mis hermanas de igual modo como me trajo él a mí».

Y dándole besos persuasivos y diciéndole palabras cautivadoras y abrazándole todo el cuerpo, a sus caricias encadenó palabras como «querido mío, mi marido, dulce alma de tu Psique». Contra su voluntad, el marido sucumbió a la fuerza y poder de palabras amorosas dichas entre susurros y prometió que haría todo lo que ella quisiese. Cuando se acercaba el alba, desapareció de las manos de su esposa.

(7) Las hermanas de Psique, una vez supieron cuál era la roca y el lugar donde Psique había sido abandonada, acudieron rápidamente y allí lloraban y se golpeaban el pecho, hasta que, con tantos gemidos, las rocas y los peñascos repetían el sonido con igual intensidad. Llamaban a su pobre hermana por su nombre, hasta que el sonido de las voces que gritaban bajó por la montaña e hizo salir de su casa a Psique, que, fuera de sí y agitada, dijo: «¿Por qué os afligís en vano con desgraciados lamentos? Aquí estoy yo, a quien vosotros lamentáis. Dejad a un lado vuestras lúgubres invocaciones y secaos vuestras duraderas lágrimas que os caen por las mejillas, pues ya podréis abrazar a la que lloráis».

Entonces llama al Céfiro y le recuerda las órdenes de su marido. Sin demora, éste obedece el mandato y al punto transporta a las hermanas, sin hacerles daño, con ráfagas suavísimas. Se abrazan unas a otras y disfrutan de besos apresurados y las lágrimas que se habían detenido vuelven ante la alegría de ver otra vez a la hermana. Psique les dijo: «Entrad con alegría en nuestra casa y hogar y reconfortad el ánimo afligido con vuestra Psique».

(8) Después de haber hablado así, les muestra las grandes riquezas del palacio dorado[12] y les hace oír la abundante multitud de voces que le sirven. Hace que se repongan con un magnífico baño y con viandas de una mesa digna de dioses. Pero las hermanas, saciadas con tal abundancia de riquezas celestiales, albergaban la envidia ya en lo más profundo de su corazón. Una de ellas no dejaba de hacer preguntas escrupulosas y curiosas sobre quién era el señor de todas aquellas cosas celestiales, quién era su marido y cómo era. Pero Psique temía romper el pacto establecido con su esposo y no quería dejarlo salir de lo más íntimo de su pecho. Improvisa y se inventa que es joven y hermoso, con una barba como de lana que le cubre las mejillas, y muy aficionado a las cacerías por campos y montañas. Y para que el secreto que calla no se le escape en el transcurso de la conversación, las carga de oro y de collares de ge-

12. Es probable que se trate de una alusión velada al famoso palacio de Nerón en Roma.

mas, al punto llama al Céfiro y le ordena que se las lleve.

(9) La orden fue cumplida al punto. Volvieron las dichosas hermanas a su casa y, encendidas por el veneno de la envidia que crecía en ellas, hablaban entre sí sin parar hasta que una finalmente exclamó: «¡Oh, Fortuna ciega, cruel y malvada! ¿Acaso te ha complacido que nosotras, nacidas de un mismo padre, tuviésemos suerte tan diferente a la suya? Nosotras, que somos mayores que ella, entregadas como esclavas a maridos extranjeros, hemos de vivir desterradas de nuestro hogar y de nuestra patria, como exiliadas, lejos de nuestros padres, mientras que ésta, que es muy joven, a quien un último parto, del vientre cansado de su madre, descargó, posee tantas riquezas y un marido divino, ella que ni siquiera sabe hacer recto uso de tanta abundancia de bienes? Ya has visto, hermana, cuántos adornos, y de qué tipo, se esconden en esa casa, cómo lucen los vestidos, cómo brillan las gemas y además cuánto oro se pisa por todas partes. Si además, tal y como afirma, posee marido tan hermoso, no hay ahora nadie en toda la tierra más feliz que ella. Y ya que la intimidad y la costumbre han hecho más fuerte su amor, quizá su marido, que es un dios, la convertirá también a ella en diosa. Así es, por Hércules, así ella se comportaba y actuaba. Ya nos mira de arriba a abajo y la mujer ya se parece a una diosa, ella que tiene a las voces por esclavas y da órdenes a los mismísimos vientos. Pero a mí, desgraciada, me ha tocado en suerte un marido

más viejo que mi propio padre, más calvo que una calabaza y más chiquito que un niño, que además guarda toda la casa cerrada a cal y canto».

(10) Y replicó la otra: «Yo en cambio soporto a un marido plegado y encorvado por el reuma. Por esta razón me hace el amor muy pocas veces. Siempre debo hacerle friegas en sus dedos torcidos y endurecidos como la piedra. Con estos bálsamos malolientes, sucios retales y repugnantes cataplasmas se me han endurecido estas manos tan delicadas que tengo. Yo no cumplo el papel de esposa que me corresponde sino el penoso oficio de curandera. Me parece, hermana, que tú –te seré sincera– soportas todo esto más con ánimo servil que con ánimo paciente. Pero yo ya no puedo tolerar por más tiempo que una fortuna tan dichosa haya sido asignada a quien no la merece. Recuerda con cuánta soberbia, con cuánta arrogancia se ha portado con nosotras y nos ha mostrado claramente su ánimo, inflado de vanidad por su desmesurada ostentación. De entre tantas riquezas como posee, ha escogido para nosotras, y además de mala gana, sólo unas pocas. Molesta por nuestra presencia, ha ordenado que nos apartemos de ella y nos ha expulsado entre soplidos y silbidos. No soy mujer y no merezco respirar si no la hago caer de su fortuna. Si a ti, como es justo, también te ha molestado la ofensa que nos ha causado, tracemos juntas un plan que sea el adecuado. De momento no mostremos todo aquello que soportamos ni a nuestros padres ni a ninguna otra persona, ni siquiera diga-

mos que sabemos que está viva. Ya sentimos suficiente pena con haber visto lo que hemos visto, como para tener que hacer una proclamación tan feliz a nuestros padres y a todo el pueblo. De hecho, no son felices aquellos cuyas riquezas nadie conoce. Así sabrá ella que no somos sus esclavas sino sus hermanas. Regresemos ahora a nuestros maridos y volvamos a ver nuestros hogares que son pobres pero sobrios. Cuando dispongamos de un plan más en firme, volvamos más decididas para castigar su soberbia».

(11) Dan estas dos malvadas por bueno este malvado plan. Una vez escondidos todos aquellos regalos tan preciosos, arrancándose la cabellera y arañándose la cara, tal como merecen, renuevan sus fingidos llantos. Y así rápidamente asustan a sus padres, renovando el dolor que éstos ya sentían e, hinchadas de rabia, se dirigen cada una a su casa para tramar una traición criminal, mejor dicho, un asesinato en la persona de su inocente hermana.

Mientras tanto el marido, al que Psique no había visto, en conversación nocturna nuevamente le advierte con estas palabras: «¿Es que acaso no ves a cuánto peligro te expones? La Fortuna te amenaza desde lejos y, a no ser que tomes mayores precauciones, pronto te atacará de cerca. Pérfidas lobas te preparan con malas intenciones criminales emboscadas. De éstas la peor es intentar convencerte de que veas mi rostro, que, como ya te dije, nunca volverás a ver si lo ves una vez. Por tanto, si en el futuro aquellos funestos engendros vienen con sus malas artes –y sé que vendrán–, no hables con ellos y, si no pudieras aguantarte debido a tu natural ingenuidad y delicadeza de ánimo, no escuches ni contestes pregunta alguna acerca de tu marido. Pues pronto aumentaremos nuestra familia: este vientre tuyo, aunque joven, lleva un niño mío que será divino si guardas en silencio nuestro secreto; pero si lo transgredes, será sólo mortal».

(12) Ilusionada por dicha noticia, Psique sintió renacerse. Aplaudía por la alegría de tener una descendencia divina, saltaba de gozo por la gloria de la futura prenda y se regocijaba con la dignidad del nombre de madre. Ansiosa, cuenta cada día que pasa, cada mes que termina, y en el aprendizaje del embarazo, a ella desconocido, le admira tanto incremento de su fértil vientre a partir de un minúsculo punto.

Pero ya aquellas dos pestes, aquellas horribles Furias,[13] navegaban presurosas, con impía velocidad exhalando ponzoñas venenosas. Entonces, de nuevo, el marido, durante una breve visita, así advierte a su Psique: «El día supremo y el momento decisivo ya están aquí. Mujeres odiosas, enemigas que llevan la misma sangre que tú, han tomado ya las armas, han levantado el campamento, han conducido su ejército y han hecho resonar la trompeta. Tus funestas hermanas han desenvainado ya la espada y buscan tu cuello. ¡Ah, dulcísima Psique, cuántas desgracias nos

13. Diosas vengativas que habitaban en los infiernos.

acosan! Ten piedad de ti y de mí y, con escrupulosa moderación, libra a tu casa, a tu marido, a ti misma y a este niñito nuestro, del infortunio de una ruina inminente. Y a esas mujeres criminales, a las que, después de declararte odio mortal y de pisotear los vínculos de sangre, ya no puedes llamar hermanas, ni las mires ni las escuches, cuando, tendidas sobre aquella roca a la manera de Sirenas,[14] hagan resonar las piedras con sus funestas voces».

(13) Psique le contestó con palabras vacilantes, entre sollozos y lágrimas: «Que yo sepa hace tiempo ya que has podido comprobar mi fidelidad y discreción. Y ahora, no menos, te demostraré la firmeza de mi espíritu. Tú tan sólo vuelve a ordenar a nuestro Céfiro que cumpla con su cometido, y, a cambio de prohibirme ver tu sagrada imagen, devuélveme la visión de mis hermanas. Por estos cabellos tuyos, perfumados por todas partes de canela, por tus suaves mejillas semejantes a las mías, que son delicadas, por tu pecho que se enciende con no sé qué calor, ojalá reconozca yo tu cara en este niñito. Déjate persuadir por los ruegos piadosos de esta suplicante ansiosa. Concede el placer de abrazar a mis hermanas y repara con alegría el alma de Psique, que a ti te es devota. Nada más busco en tu rostro, nada ya me molesta, ni siquiera las tinieblas de la noche: te tengo a ti, luz mía».

14. Genios marinos con apariencia, en parte, de mujer, que atraían a los marineros con sus dulces cantos y los llevaban inevitablemente al naufragio.

El marido, contento con estas palabras y con sus tiernos abrazos, secándole las lágrimas con sus cabellos, le prometió que así lo haría y, antes de que naciera el día, se marchó a toda prisa.

(14) Las conspiradoras hermanas, sin esperar la llegada del viento que las debía llevar, zarpan con temeridad inconsciente. Pero el Céfiro no había olvidado la orden de su rey y, aunque a desgana, dejó a las hermanas en tierra después de haberlas recogido en el seno de la brisa que corría. En un instante entran ellas decididas en el palacio. Tras abrazar a su víctima, fingen que son sus hermanas, aunque sólo de nombre, y cubriendo con rostro alegre el secreto de su traición completamente escondida, halagan a Psique con las siguientes palabras:
«Ya no eres la niñita de antes; ya eres toda una madre. Piensa cuánta felicidad nos traes en esta barriguita. Con cuánto gozo alegrarás a toda nuestra familia. Dichosas nosotras, a quienes hará felices el crecimiento de este niño maravilloso. Si, como es menester, este niño corresponde a la belleza de sus padres, entonces nacerá otro Amor».

(15) Así, con afecto simulado, conquistan poco a poco el ánimo de su hermana. Al punto, Psique, una vez que, sentadas en bancos, se han repuesto del cansancio del viaje, les prepara baños de vapor caliente y las complace en un triclinio muy bello con manjares y viandas extraordinarios. Ordena que hable la cítara y la cítara toca; que toquen las flautas y las

flautas suenan; que canten los coros y los coros cantan. Todo ello, sin que nadie estuviera presente, calmaba con dulcísimas modulaciones los ánimos de los oyentes.

Con todo no se aplacó la maldad de esas mujeres criminales, ni siquiera ablandada por aquella dulzura de miel del canto, sino que, dirigiendo la conversación hacia el engaño tramado, empiezan a preguntar disimuladamente cómo es su marido, dónde ha nacido y cuál es su origen. Entonces, en su excesiva sencillez, olvidándose de la conversación anterior, se inventa una respuesta y afirma que su marido, que es un comerciante con mucho dinero de una provincia vecina, es hombre de mediana edad y que tiene ya algunos cabellos blancos. Y sin entretenerse más con esta conversación, las devuelve, cargadas con ricos presentes, al viento que las transporta.

(16) Pero mientras regresan aquéllas a casa, suspendidas en el aire por el tranquilo aliento del Céfiro, hablan así entre ellas: «¿Qué decir, hermana, de la mentira tan monstruosa de esa presumida? Quien entonces era un joven, al que apenas le afloraba la barba y el vello, es ahora un hombre de mediana edad con los cabellos blancos como la nieve. ¿Quién es éste, a quien un espacio de tiempo tan pequeño ha transformado en repentina vejez? No hallarás otra respuesta, mi querida hermana, sino que o bien aquella mujer malvada dice mentiras o bien desconoce el aspecto de su marido. Sea cual sea la verdad, aquélla debe ser apartada de todas estas riquezas lo

antes posible. Si es cierto que ignora el aspecto de su esposo, sin duda alguna se ha casado con un dios, y por tanto en su embarazo lleva un dios. Si se sabe –cosa que no habría de pasar– que es la madre de un niño divino, al punto me colgaré de un nudo corredizo. Regresemos mientras tanto a nuestros padres y urdamos trampas lo más de acuerdo posible con el inicio de esta conversación».

(17) Excitadas así, después de haber saludado cansinamente a sus padres y tras una noche agitada por el insomnio, por la mañana vuelan desesperadas a la roca y de allí, con la habitual ayuda del viento, vuelan rápidamente, y con lágrimas forzadas mientras se aprietan las mejillas así le hablan a la muchacha:

«Tú te sientas aquí, feliz, ignorante del mal tan grande que te acecha y sin conocer el peligro que corres, mientras que nosotras, que estamos en vela preocupadas por tus asuntos, nos atormentamos miserablemente por tus infortunios. Pues nosotras lo sabemos de buena tinta y en cuanto compañeras de tu dolor y de tu azar, no podemos ocultarte que, sin que tú te des cuenta, contigo duerme de noche una inmensa serpiente enroscada en roscas de muchos nudos, que desprende por el cuello un veneno nocivo y sangriento y que abre una boca profunda. Acuérdate ahora del vaticinio pítico,[15] que proclamó

---

15. Apuleyo se refiere al oráculo de Mileto (véase más arriba) y alude a Apolo, a cuyo oráculo llama «pítico» en honor del dios, que destruyó a la serpiente Pitón. Apolo era el dios tanto del oráculo de Delfos como del de Mileto.

que tú estabas destinada a casarte con una bestia atroz. Muchos labradores y los que cazan en la región y muchos vecinos la han visto de vuelta de los pastos por la noche, nadando por las aguas del río cercano.

(18) Y todos afirman que no te engordará con los agradables servicios que te ofrece durante mucho tiempo, sino que, tan pronto como tu vientre lleno haya madurado su embarazo, te devorará, cargada como estarás con un fruto más rico. La decisión al respecto es si quieres creer a tus hermanas que estaban preocupadas por tu vida, y huyendo de la muerte, vivir con nosotras libre de todo peligro, o si quieres ser enterrada en las entrañas de una bestia tan cruel. Pero si te complacen la soledad de este campo lleno de voces o las fornicaciones fétidas y peligrosas de un amor clandestino y los abrazos de una serpiente venenosa, nosotras, tus piadosas hermanas, habremos cumplido nuestro cometido».

Entonces Psique, pobrecita, tan sencilla y tierna de ánimo, es arrebatada por el temor de palabras tan tristes, y, fuera de sí, olvida todas las advertencias de su marido y sus propias promesas, y se precipita a las profundidades de su desgracia. Temblorosa, con el rostro lívido y exangüe, con la voz entrecortada cada tres palabras, les habla así:

(19) «Vosotras, queridísimas hermanas, como es menester, cumplís con el deber que os impone vuestro cariño fraternal, pero a mí no me parece que

quienes os han explicado tales cosas se hayan inventado una mentira. No he visto nunca el rostro de mi marido ni tampoco sé de qué país proviene. Oyendo tan sólo voces de noche, he de tolerar a un marido de condición desconocida y que huye de la luz. Tenéis razón cuando decís que he de aguantar a una bestia. Me aterra sobre todo si intento ver cómo es y me amenaza con grandes desgracias si muestro curiosidad por ver su rostro. Si podéis ayudar de alguna manera a vuestra hermana que está en peligro de muerte, auxiliadme ahora. De no ser así, el descuido que seguirá destruirá los beneficios de vuestra anterior inquietud».

Entonces las mujeres criminales, habiéndose apoderado del ánimo de su hermana, desprotegido y con las puertas totalmente abiertas, omitiendo toda disimulación del ardid tramado, con las espadas desenvainadas de sus traiciones, conquistan los pensamientos espantados de la ingenua joven.

(20) La otra hermana así le contesta:

«Puesto que el nexo de origen nos obliga a velar por tu integridad y no hacer caso del peligro que nos acecha, te mostraremos el único camino que, después de haberlo pensado largo y largo tiempo, te llevará a la salvación. Esconde muy en secreto en la parte del lecho que sueles ocupar una navaja muy puntiaguda y afílala con la palma de la mano. Coloca dentro de una olla que se pueda cerrar una lámpara brillante y que desprenda mucha luz, llena de aceite. Prepáralo todo con cuidado y a escondidas. Cuando la serpiente, arrastrándose hacia dentro con paso sinuoso, haya subido a la parte del lecho que le corresponde y allí tendida y vencida por el primer sueño, haya empezado a dormir profundamente, baja del lecho y, descalza, poco a poco y de puntillas, haz salir a la lámpara de su prisión tenebrosa, y con la guía de la luz, busca la mejor oportunidad para ejecutar tu valiente acción. Coge en tu mano derecha aquella arma de doble filo y corta, con el golpe más fuerte que puedas, el nudo que une el cuello y la cabeza de esta dañosa serpiente. No te faltará nuestra ayuda, sino que, tan pronto como hayas obtenido tu salvación con su muerte, ansiosas acudiremos volando y, después de llevarnos todas estas riquezas, a ti, que eres humana, te uniremos a un humano en votos nupciales».

(21) Después de inflamar con el calor de tales palabras el corazón ardiente de su hermana, la abandonan y, temerosas de estar cerca de un delito tan grande, empujadas por el habitual impulso del viento alado hacia la roca, se dan a la fuga rápidamente y, después de embarcar, se marchan. Pero Psique, que se queda sola, por más que sola no está pues se ve atormentada por las Furias enemigas, vacila en su tristeza igual que la fuerza del mar, y por más que ha tomado la decisión y posee suficiente coraje para ello, vacilante, duda todavía de cuán sabia es su decisión y se deja llevar por las muchas pasiones que su desgracia suscita. Se apresura y se detiene, se muestra atrevida y a la vez se asusta, se desespera y se en-

fada y, en un mismo cuerpo lo cual ya es el colmo, odia a la bestia y ama al marido. Con todo, al anochecer, con precipitado apresuramiento, prepara su sacrílego crimen. Llega la noche y acude el marido que, al poco de haber sostenido combates con Venus, cae en un profundo sueño.

(22) Entonces Psique, débil de por sí de cuerpo y de espíritu, con la ayuda de la gravedad de su destino, recobra fuerzas, extrae la lámpara, coge la navaja y la audacia altera su sexo. Pero tan pronto como la intimidad del lecho se iluminó con la ayuda de la luz, vio a la bestia más tierna y dulce de todas las fieras, el mismo dios Amor en persona, que yacía hermoso. Al verlo, la luz de la lámpara, contenta también, aumentó y brilló la navaja que había de hacer un corte sacrílego. Psique, aterrorizada ante tal visión y fuera de sí, atemorizada languideció con la cara emblanquecida, cayó de rodillas e intentó ocultar el puñal, pero en su pecho. Y así lo habría hecho, si el puñal no hubiera volado, escapando de sus manos temerosas, por miedo de cometer un crimen tan grande. Agotada, sin apenas fuerzas, mientras contemplaba la belleza de aquel rostro divino, se recuperaba. Vio la abundante cabellera embriagada de ambrosía, el cuello blanco como la leche y las mejillas de púrpura, sobre las que caían elegantemente los cabellos, unos hacia adelante y otros hacia atrás, ante cuyo fulgurante brillo incluso la luz de la lámpara vacilaba. Sobre los hombros del dios volador las alas brillaban más que las flores resplande-

cientes por el rocío, y las plumitas suaves y delicadas, palpitando con cierto temor, jugaban inquietas. El resto de su cuerpo era fino y espléndido, como el que la misma Venus no se arrepentiría de haber engendrado. A los pies del lecho yacían el arco, el carcaj y las flechas, armas propicias del gran dios.

(23) Mientras Psique, ya de por sí curiosa, lo indagaba y examinaba todo con ánimo insaciable y admiraba las armas de su marido, extrajo una flecha del carcaj y quiso comprobar la punta con el extremo del dedo pulgar, pero, haciendo un esfuerzo demasiado violento con el miembro tembloroso, se pinchó profundamente hasta el punto de que minúsculas gotas de sangre rojiza se esparcieron sobre su piel. Así Psique, ignorándolo, pero por propia voluntad, cayó en el amor de Eros.[16] Entonces, cada vez más excitada por el deseo de Amor, inclinándose sobre él y deseándolo con avidez, le daba besos ardorosos y apasionados, temiendo despertarlo. Pero mientras duda en su mente herida, excitada ante tanta dicha, aquella lámpara, ya por una horrible perfidia, ya por una envidia nociva, ya porque también ella ansiaba tocar y casi besar cuerpo tan hermoso, derramó sobre el hombro derecho del dios una pizca de la llama. ¡Ah, lámpara audaz y temeraria, vil ayudante del amor, quemas lentamente al mismo dios de todo el fuego, cuando algún enamorado te descubrió primero para poder disfrutar más tiempo durante la no-

16. Alusión a Cupido.

39

che de sus pasiones! Así, el dios, abrasado, salió saltando y, viendo la traición a su fidelidad ofendida, en silencio huyó volando, apartándose de la vista y de las manos de su desgraciadísima esposa.

(24) Pero cuando aquél empezaba ya a subir, Psique le cogió la pierna derecha con ambas manos quedando así cual patético apéndice a su celestial ascenso y acompañándolo, colgada, por las regiones de las nubes, hasta que, fatigada, se precipitó a la tierra. Pero el dios enamorado no la abandonó tendida en el suelo sino que voló hacia un ciprés cercano y, desde lo alto de su cima, gravemente conmovido así le habló:

«Yo, muy ingenua Psique, olvidando los preceptos de mi madre Venus que me había ordenado que, vencida por la pasión por un hombre desgraciado e innoble, te uniera a él en vil matrimonio, he preferido en cambio volar hacia ti como un enamorado. He obrado mal, lo sé. Experto arquero, yo mismo te herí con mis armas y te hice mi esposa, sin embargo has pensado que era una bestia y has querido cortarme la cabeza con la espada, la cabeza que tiene estos ojos que de ti están enamorados. Siempre creía que debías andar con cuidado y te advertía con buenas maneras. Pero aquellas ilustres consejeras tuyas pagarán muy pronto el castigo por enseñanzas tan perniciosas, mientras que a ti sólo te castigaré con mi desaparición». Una vez hubo terminado su discurso, se elevó hacia lo alto con sus alas.

(25) Psique, postrada en el suelo y contemplando hasta que pudo el vuelo de su marido, se afligía con lamentaciones desesperadas. Cuando la altura del cielo hubo arrebatado a su marido con un batir de alas, se precipitó desde la orilla a un río cercano. Pero el río, compadecido, en honor al dios que suele encender incluso las aguas y temiendo por sí mismo, al punto, con una ola inofensiva, la depositó en la orilla sobre la hierba.

Por casualidad, Pan, dios de los campos, estaba sentado junto al río, abrazando a Eco, diosa de la montaña, mientras le enseñaba a repetir cancioncillas de todo tipo.[17] Junto a la orilla se divertían unas cabritillas paciendo tranquilas y arrancando la cabellera del río. El dios con aspecto de cabra, que no ignoraba la suerte de Psique, clemente, llamó a la muchacha, herida y desolada, y la tranquilizó con estas suaves palabras:

«Muchacha encantadora, yo soy sólo un campesino y un pastor, pero mi larga vejez me ha instruido y tengo ya mucha experiencia. Pues bien, si estoy en lo cierto —y a ello los hombres prudentes llaman el don de la adivinación—, tu andar titubeante y vacilante, el pálido color de tu cuerpo, tus frecuentes suspiros y sobre todo tus ojos apenados, me indican que padeces de un amor desesperado. Escúchame, por tanto, y no quieras morir lanzándote a un precipicio o con cualquier otra muerte. Pon fin a tu pena

17. Pan, dios de los pastores y del ganado, se enamoró de la ninfa Eco, sin que ésta correspondiera a su amor.

y deja a un lado tu tristeza. Mejor que ofrezcas plegarias a Amor, el mayor de los dioses, y que lo conquistes con seductoras ofrendas, aunque sea un joven caprichoso e inmoderado».

(26) Así habló el dios pastor pero no obtuvo respuesta alguna. Psique se limitó a adorar a esta divinidad propicia y se marchó. Pero cuando hubo ya recorrido, con paso cansado, una buena parte del camino, llegó cuando se ponía el sol, sin saber cómo, a una ciudad donde reinaba el marido de una de sus hermanas. Cuando se enteró de ello, quiso Psique que su presencia fuera anunciada a su hermana. Enseguida fue recibida y, después de abrazarse y saludarse mutuamente, al preguntarle su hermana cuál era el motivo de su llegada, habló así:

«Recordarás el consejo que me disteis. Me persuadisteis para que matara con una navaja de doble filo a la bestia que, usurpando el nombre de mi marido, dormía a mi lado, antes de que me devorara, pobrecita de mí, con su voraz buche. Pero tan pronto como, tal como se había dispuesto, con la ayuda de una luz pude verle la cara, contemplé un prodigio admirable y divino: al mismo hijo de la diosa Venus, Amor en persona, que dormía tranquilamente. Y mientras me agitaba, sorprendida ante tal prodigio y turbada por el excesivo deseo, la lámpara, por una suerte desgraciada, derramó aceite hirviendo sobre el hombro de Amor. Al verse despertado al punto por el dolor, cuando me vio armada con el puñal y el fuego, me dijo: "Por esta acción tan reprobable, apártate enseguida de mi lecho y llévate tus cosas, pues yo en nupcias me casaré –y entonces pronunciaba el nombre con que se te conoce– con tu hermana". Al punto ordenó al Céfiro que me sacara de los límites de su casa».

(27) Psique apenas pudo terminar su discurso. Su hermana, empujada por el deseo de una pasión malsana y de una envidia nociva, trama una mentira para engañar a su marido: finge haberse enterado de la muerte de sus padres. Embarca y seguidamente se dirige hacia la roca y, aunque el viento que soplaba era otro, con ciega esperanza grita: «Tómame, Amor, como digna de ser tu esposa y tú, Céfiro, acoge a tu señora». Y se precipitó desde la roca con gran fuerza. Pero a ese lugar no pudo llegar ni muerta pues murió como merecía. Sus miembros golpeados y esparcidos por las rocas y sus vísceras laceradas sirvieron de fácil alimento a las aves de presa y a las bestias.

No tardó en llegar la segunda venganza. Pues Psique, con andar errabundo, llegó a otra ciudad en la que, de modo parecido, moraba la otra hermana. Empujada igualmente por la misma mentira, deseosa de emular las criminales nupcias de su hermana, se precipitó hacia la roca y fue víctima de una muerte igual.

(28) Entretanto, mientras Psique recorría los poblados buscando a Amor, éste, sintiendo dolor por la herida causada por la lámpara, yacía afligido en el lecho materno. Entonces una gaviota, ave que nada

con sus alas sobre la superficie del mar, se sumergió rápidamente hacia el fondo del Océano. Allí se detuvo junto a Venus, que se estaba lavando y estaba nadando. La gaviota le explicó a Venus que su hijo se había quemado y que yacía lamentándose del dolor causado por una herida. Le dijo que no sabía si se recuperaría y que por las bocas de todos los pueblos, con rumores y diversos reproches, hablaban mal de la familia de Venus, pues, según la gaviota, «aquél se fue con rameras a las montañas y tú te fuiste a nadar. Por ello ya no existe ningún placer, ninguna gracia, ninguna belleza, sino que todo es grosero, salvaje y violento. Ya no existe el amor conyugal, la amistad entre compañeros y el amor de hijos a padres, sino una enorme confusión y una antipática repugnancia que ensucia las relaciones sociales».

Aquella ave habladora y curiosa refunfuñaba estas palabras en el oído de Venus y hería al hijo de ésta. Finalmente la diosa, indignada, exclamó: «¿Así que ese buen hijo mío tiene una amiga? Dime, pues eres la única que me quiere, el nombre de quien ha perseguido a mi hijo, tan ingenuo e inocente, tanto si ella es miembro del grupo de las Ninfas, o del clan de las Horas, o del coro de las Musas, o de la comitiva de las Gracias».[18]

Aquella ave charlatana no calló sino que le dijo: «No lo sé, señora, pero creo que una muchacha –si

18. Las Ninfas son divinidades que habitan el campo y el bosque. Las Horas representan el ciclo de la vegetación. Las Musas son las protectoras de la música y de las artes. Las Gracias son divinidades de la belleza.

44

no recuerdo mal, su nombre es Psique– está muy enamorada de él».

Entonces Venus, indignada, exclamó: «Si se ha enamorado de Psique, mi rival en belleza y usurpadora de mi nombre, no es extraño que mi vástago me haya considerado una alcahueta que le ha presentado a esa muchacha para que la conociera».

(29) Dando gritos, salió rápidamente del mar y al punto se dirigió a su tálamo dorado y allí, tal como había oído decir, encontró a su hijo enfermo y desde la puerta exclamó con todas sus fuerzas:

«¡Muy bonito y además digno de nuestra familia y de tu sentido común! No sólo has pisado los preceptos de tu madre y señora y atormentado a mi enemiga con sórdidos amores, sino que tú, todavía un niño, te has unido también a ella con abrazos licenciosos e inmaduros, para que yo tuviera que soportar a una nuera que es mi enemiga. ¿Acaso piensas que, frívolo, corruptor y depravado, eres el único capaz de tener hijos y que yo, por la edad que tengo, no puedo ya concebir? Pues querría que supieras que daré a luz a un hijo mucho mejor que tú, o, para que sientas más la afrenta, adoptaré a uno de entre mis esclavos pequeños y le daré estas alas, las llamas, el arco y hasta las flechas y todos los arreos que a ti te había dado pero no para que los emplearas así. De los bienes de tu padre nada te ha sido entregado para que hicieras este uso de ellos.»

(30) «Pero has estado malcriado desde la niñez y tienes manos demasiado largas. Constantemente has

tratado sin respeto alguno a tus mayores y, parricida, a tu misma madre –quiero decir, a mí– cada día la pones en evidencia; me has herido muchas veces y me desprecias como si fuera una viuda y ni siquiera temes a tu padrastro, aquel guerrero tan fuerte y poderoso.[19] ¿Y por qué? Porque acostumbrabas a proporcionarle muchachas para atormentarme. Pero haré que te arrepientas de tus juegos y que estas nupcias te resulten ácidas y amargas.

Pero ahora que me he convertido en el hazmerreír de todos, ¿qué haré? ¿A dónde acudiré? ¿De qué manera obligaré a este dragón? ¿Acaso habré de pedir ayuda a mi enemiga Sobriedad, a la que muchas veces he ofendido por culpa de este inmoderado hijo mío? Me horroriza tener trato con mujer tan zafia y descuidada. Pero no se debe despreciar el placer de la venganza, venga de donde venga. Acudiré a ella y a ninguna otra para que castigue duramente a este depravado, vacíe su carcaj, desarme las flechas, desate la cuerda del arco, le apague la antorcha y, además, enderece su cuerpo con los remedios más enérgicos. Consideraré vengada la afrenta cuando aquélla le corte la cabellera dorada y brillante, que he acariciado con estas manos mías, y cercene las alas que he bañado en néctar procedente de mi regazo».

(31) Después de haber hablado así, salió indignada y encolerizada como correspondía a Venus. Al punto Ceres y Juno le salieron al paso y, al verla con

19. En referencia a Marte, dios de la guerra y amante de Venus.

el rostro irritado, le preguntaron por qué escondía la belleza tan grande de sus ojos brillantes bajo aquellas fieras cejas.[20] A lo que ella contestó: «Llegáis a tiempo para hacer cumplir la voluntad según mi corazón encendido. Os lo ruego: buscad con todas vuestras fuerzas a la fugitiva Psique. No desconocéis la famosa historia de mi casa ni las acciones de ese hijo que ya no debe llamarse mío».

Entonces aquéllas, sin ignorar lo que había ocurrido, intentaron con estas palabras calmar la ira en aumento de Venus: «¿Qué acción criminal ha llevado tu hijo a cabo, señora, para que censures sus placeres con ánimo tan obstinado y desees la perdición de aquella a quien él ama? ¿Qué crimen ha cometido, te rogamos, si ha complacido de buen grado a una muchacha bonita? ¿Es que ignoras que es un hombre joven o es que te has olvidado de cuántos años tiene? ¿O quizás, porque oculta su edad tan bien, siempre te ha parecido un niño? Tú, su madre y mujer sensata, ¿espiarás siempre sus juegos, le echarás en cara su pasión y le reprocharás sus amores? ¿Reprenderás en tu hermoso hijo tus propias artes y tus propios placeres? ¿Qué dios, qué hombre tolerará que disemines la pasión amorosa cuando tú

20. Ceres, hermana de Júpiter y Juno, es madre de Proserpina que fue raptada por Plutón y cada invierno permanecía en prisión en el mundo de los muertos aunque se le permitía regresar a la tierra en verano. Era la divinidad central del culto mistérico de Eleusis, ciudad que albergaba un santuario dedicado a ella. Por su parte, Juno, mujer de Júpiter, era invocada como protectora del matrimonio en las ciudades de Argos y Samos.

misma prohíbes los amores en tu propia casa y cierras la escuela pública donde se enseñan los vicios propios de las mujeres?».

Así halagaban Ceres y Juno, por miedo a sus flechas, a Amor, que las había conquistado, por más que éste estuviera ausente. Pero Venus, indignada porque sus afrentas fuesen consideradas ridículas, adelantándolas, se giró y con andar presuroso tomó el camino del mar.

(VI, 1) Entretanto Psique iba de un lado a otro, buscando a su marido día y noche, con el ánimo inquieto, tanto más deseosa, si no de atenuar su ira con caricias de esposa, ciertamente de serle propicio con plegarias dignas de una esclava.

Y, al ver un templo en la cima de una alta montaña, exclamó: «¿Y si mi señor viviera aquí?».

Y al punto se dirige hacia ese lugar a toda prisa, llevada por la esperanza y por el deseo, por más que está cansada por la fatiga de tantos días. Después de haber subido a las cimas más altas, se acerca a las almohadas sagradas. Ve allí espigas de trigo dispuestas en un montón, espigas dobladas en forma de corona y también ve espigas de cebada. Había también hoces y todas las herramientas necesarias para la cosecha, pero todo yacía esparcido y desordenado como si, como sucede en el verano, todo se hubiera caído de las manos de los trabajadores. Una a una Psique, llena de curiosidad, distribuyó todas las cosas y las ordenó de acuerdo con los ritos, pensando que no debía pasar por alto ningún santuario ni ninguna ceremonia de ningún dios, sino implorar la misericordia de todos ellos.

(2) Mientras ella se preocupaba solícitamente por todas estas cosas, la nodriza Ceres la descubrió y exclamó: «¿Qué me dices, infeliz Psique? Llena de ansia y con el ánimo encolerizado, Venus ha seguido tus pasos por todo el mundo y te busca para imponerte un último castigo e imponerte su venganza con todas las fuerzas de su poder divino. ¿Tú, en cambio, te preocupas sólo por tus cosas y piensas en todo menos en tu salvación?».

Entonces Psique se lanzó a sus pies y regando con abundante llanto el rastro de la diosa y rozando el suelo con sus cabellos, le pedía clemencia con toda una letanía de súplicas:

«Te lo ruego por esta fecunda mano derecha tuya, por estas alegres ceremonias de la cosecha, por los ocultos secretos de las cestas, por los carros alados de tus dragones esclavos, por los surcos de la tierra de Sicilia, por el carro que ha raptado a tu hija, por la tierra que la ha retenido, por el descenso infernal de Proserpina a unas nupcias oscuras y de la hija que viene a tu encuentro, y por otras cosas que guarda en silencio el santuario de la ática Eleusis, asiste al alma de la desgraciada Psique, que a ti te suplica. Aunque sólo sea unos pocos días, me esconderé entre este montón de espigas hasta que con el tiempo se calme la violenta ira de tan gran diosa o hasta que mis fuerzas, fatigadas por el diario esfuerzo, se recuperen con un breve reposo».

(3) Ceres le respondió: «Me conmueven tus súplicas bañadas con lágrimas y deseo ayudarte, pero no quiero soportar la enemistad de un familiar mío, además de buena mujer, con quien cultivo un antiguo vínculo de amistad. Abandona enseguida este templo y date por satisfecha si no te retengo y te hago prisionera».

Psique, rechazada contra su esperanza y doblemente afligida, dio media vuelta y se marchó. Entonces, dentro de un bosque lleno de sombras, vio un templo erigido con hábil construcción y sin querer perder esperanza alguna, por pequeña que fuera, sino deseosa de pedir la indulgencia de cualquier dios, se acerca a las puertas sagradas. Allí ve regalos preciosos y ropas bordadas con letras de oro, colgadas de las ramas de los árboles y de las puertas, objetos que daban fe del favor recibido y del nombre de la diosa a la cual habían sido dedicadas. Entonces, arrodillándose y abrazando el altar todavía caliente con las manos, después de secarse las lágrimas, así implora:

(4) «Hermana y esposa del gran Júpiter, habites los antiguos templos de Samos, único lugar que se jacta de tu nacimiento, de tus llantos y de tu alimento, frecuentes las felices mansiones de la excelsa Car-

tago, que te venera en forma de doncella paseando por el cielo con tu carroza de león, o presidas las famosas murallas de los argivos, junto a la ribera del Ínaco, que te adora ya casada con el Tonante y como reina de las diosas, a la que todo el oriente denomina Zigia y todo el occidente Lucina, asísteme como Juno Salvadora en este azar tan desgraciado y libérame del miedo del peligro inminente porque estoy agotada en medio de tantas penas tan grandes. Que yo sepa, sueles ayudar de buena gana a mujeres embarazadas que están en peligro».

A ésta, que suplicaba de esta manera, Juno se le presenta de repente con la augusta dignidad de toda su naturaleza divina y le dice: «Querría escuchar tus súplicas pero la decencia no me permite actuar en contra de la voluntad de Venus, mi nuera, a la que siempre he amado como a una hija. Además me lo prohíben las leyes que impiden acoger a esclavos fugitivos de otros sin el permiso de sus dueños».

(5) Psique, aterrorizada por este otro naufragio de su fortuna y comprendiendo que no podía retener a su marido alado, abandonando toda esperanza de salvación, se pidió consejo a sí misma:

«¿Qué otros auxilios puedo obtener ya para mis penas o qué ayuda se me puede ofrecer a mí, a quien ni siquiera las diosas, por más que quisieran, han podido ser útiles? ¿A dónde dirigiré mis pasos, encerrada como estoy entre redes tan espesas? ¿En qué casa o entre qué tinieblas me habré de esconder para rehuir los ineludibles ojos de la gran Venus? ¿Por qué no adoptas un ánimo viril y renuncias con valentía a tu vana esperanza y voluntariamente regresas a tu señora e intentas apagar con modestia, aunque tarde, sus ataques de ira? ¡Quién sabe si quizá encuentres en casa de su madre al que buscas!».

Preparándose así para una misión de éxito dudoso, mejor dicho, de resultado cierto, meditaba para sí las primeras palabras de su futura súplica.

(6) Por su parte, Venus, después de descartar soluciones terrenales para su búsqueda, se dirige hacia el cielo. Allí ordena que se le prepare el carro que para ella el orfebre Vulcano con cuidado había construido con sutil arte y que le había ofrecido como regalo de bodas antes de consumarse el matrimonio.[21] Era un carro famoso por el trabajo de la fina lima y precioso por el oro que contenía. De las muchas palomas que anidaban junto a la cámara de su señora, salieron cuatro de color blanco e, inclinando el cuello hacia adelante, lo colocaron bajo un yugo de piedras preciosas. Cuando la señora hubo subido al carro, volaron alegremente.

Iban detrás del carro de la diosa, divertidos y piando ruidosamente, gorriones y demás aves que cantaban dulcemente y que, entonando una melosa y suave melodía, anunciaban la llegada de la diosa. Se apartaban las nubes, el cielo se abría ante su hija, el aire, en lo más alto, recibía contento a la diosa y el séquito

21. Hijo de Juno y esposo de Venus, Vulcano representaba al dios del fuego y los metales.

melodioso de la gran Venus no temía a las águilas o a las aves de presa que les salían al encuentro.

(7) Se dirigió entonces a la regia fortaleza de Júpiter y, con altiva petición, solicitó los servicios de Mercurio, dios de voz resonante, necesarios para dicha acción.[22] Y a ello no se opusieron las cerúleas cejas de Júpiter. Entonces Venus, exultante, en compañía de Mercurio, bajó del cielo y hábilmente le dijo estas palabras:

«Hermano de Arcadia, sabes que tu hermana Venus no ha hecho nunca nada sin la ayuda de Mercurio y no se te escapa cuánto tiempo llevo sin poder dar con una esclava mía que está escondida. No me queda otra solución más que la de ofrecer públicamente por medio de tu proclamación una recompensa para el que la encuentre. Cumple, pues, mis órdenes y difunde claramente sus señas para que pueda ser reconocida, de manera que, si alguien comete el crimen de ocultarla, no pueda alegar ignorancia de ellas». Y al tiempo que hablaba, le dio una nota, donde estaba escrito el nombre de Psique y todo lo demás. Una vez lo hubo hecho, se retiró a su casa.

(8) Mercurio no olvidó su cometido. Recorriendo todos los pueblos, cumplió así el encargo de la orden que le habían mandado:

22. Natural de la Arcadia, Mercurio era el dios del comercio y actuaba también como mensajero de los dioses.

«Si alguien puede hacerla volver o puede indicar dónde se oculta la fugitiva hija del rey, la esclava de Venus, de nombre Psique, que vaya detrás de las Metas Murcias[23] a reunirse con el pregonero Mercurio, para que así pueda aceptar, como premio de su denuncia, de la misma Venus siete suaves besos y uno de ellos dulce como la miel por el contacto con la voluptuosa lengua». Mientras Mercurio anunciaba todo esto, el deseo de tan gran recompensa había animado ya el interés de todos los mortales. Todo ello suscitó todo tipo de dudas en Psique y, cuando ya estaba cerca de las puertas de la mansión de su señora, le vino al paso una del séquito de Venus, de nombre Rutina, quien al punto exclamó lo más alto posible: «Por fin sabes, perversa esclava, que tienes una señora. ¿O acaso, de acuerdo con la ligereza de todas tus otras costumbres, finges desconocer cuántas penalidades hemos soportado para poder encontrarte? Pero, ya que has caído en mis manos y has quedado atrapada entre las verjas del Orco,[24] recibirás pronto severo castigo por tan gran rebeldía».

(9) Y con descaro arrastraba de los cabellos a Psique, que no oponía resistencia alguna. Tan pronto como Venus la vio ante sí, dejó escapar una ruidosa risa, como suelen hacer aquellos que están enfadados,

23. Pilares consagrados a Venus en el Circo Máximo romano y así llamados porque estaban situados junto al templo de Venus Murcia.
24. Nombre con el que se designaba tanto al dios de la muerte como a los infiernos.

agitó la cabeza y, rascándose la oreja derecha, dijo:

«¿Por fin te has dignado a saludar a tu suegra? ¿O quizás has venido a visitar a tu marido que está en peligro por la herida que le causaste? No te preocupes: te recibiré como corresponde a una buena nuera». Y dijo: «¿Dónde están la Solicitud y la Tristeza, mis esclavas?».

Después de haberlas llamado, les entregó a Psique para que la atormentaran. Aquéllas, siguiendo las órdenes de su señora, se la devuelven después de haber apaleado a la pobrecita Psique y de someterla a otros suplicios. Venus volvió a reír y le dijo:

«¡Tienes suerte de que la forma de tu vientre embarazado nos conmueva, pues me hará abuela feliz por una descendencia ilustre! ¡Feliz yo, a quien, en la flor de la vida, llamarán abuela, y el hijo de una esclava será el nieto de Venus! Aunque, tonta de mí, no podré llamarlo hijo mío. Pues se trata de nupcias desiguales que, en una casa de campo sin testigos y sin el consentimiento del padre, no pueden ser declaradas legítimas. Por ello, el niño será un bastardo, si es que al final permitimos que des a luz».

(10) Habiendo hablado así, vuela hacia ella, le rompe el vestido, le estira los cabellos, le sacude la cabeza y la golpea con mucha fuerza. Finalmente, después de mezclar trigo, cebada, mijo, semillas de amapola, garbanzos, lentejas y judías, lo pone todo en una pala y le dice:

«Me parece que eres una esclava tan fea que únicamente con tus servicios puedes ganarte el favor de los amantes. Así pues, yo misma pondré a prueba tu capacidad. Coloca, según su especie, cada grano de este montón y sepáralos. Antes de que se haga de noche, acaba esta tarea y muéstramela».

Así, tras entregarle aquel montón tan grande, se fue a un banquete nupcial. Psique no puso sus manos sobre aquella mole desordenada e inextricable, sino que, consternada ante la inmensidad de la orden, se quedó en silencio, sorprendida. Entonces una hormiguita de campo, advirtiendo la dificultad de una tarea tan grande, se apiadó de la desgraciada compañera de dios tan poderoso y maldijo la crueldad de la suegra. Con rapidez, convoca y reúne a todo un grupo de hormigas que allí vivía:

«Mostrad compasión, ágiles criaturas de la tierra que todo lo engendra, mostrad compasión y socorred con pronta velocidad a la esposa de Amor, una muchacha muy bonita, que corre peligro».

Acuden, unas detrás de otras, olas del pueblo de seis patas y con gran celo, todas a una, clasifican todo aquel montón, granito a granito, y, después de separarlos y distribuirlos por géneros, desaparecen velozmente de su vista.

(11) A primera hora de la noche, Venus regresa del banquete nupcial ahíta de vino, oliendo a perfume y con todo el cuerpo cubierto de rosas brillantes. Al ver la diligencia con que Psique ha cumplido la asombrosa tarea, le dice:

«Esto, malvada, no es obra tuya ni de tus manos, sino de aquél a quien has complacido, para desgracia tuya y también suya». Y tras lanzarle un trozo de pan se fue a dormir.

Entretanto Cupido, encerrado solo en una habitación aislada en la parte interior de la casa, era vigilado muy estrechamente, en parte para que, con su pasión impulsiva, no agravara la herida y en parte para que no se reuniera con su amada. Así, con los amantes alejados y separados, por más que bajo un mismo techo, transcurrió, triste, la noche.

Pero, cuando la Aurora empezaba a cabalgar, Venus llamó a Psique y le dijo estas palabras:

«¿Ves aquel bosque, que se extiende a lo largo de la orilla de un río que lo baña, cuyos árboles más alejados miran por encima a la fuente vecina? Allí unas ovejas brillantes y de color dorado pacen sin que nadie las vigile. Querría que me trajeras, como sea, un copo de lana de aquel precioso vellón».

(12) Psique se ofreció a ello de buen grado, no para cumplir con el encargo, sino para, lanzándose desde las rocas de la orilla, descansar de sus desgracias. Pero una vez allí, desde el río, un junco verde, de los que producen una música suave, ayudado por una suave brisa por inspiración divina, le vaticinó lo siguiente:

«Psique, tú que has sufrido tantas calamidades, no contamines con tu desgraciada muerte mis sagradas aguas ni te encamines hacia las terribles ovejas salvajes. Cuando éstas reciben el calor del sol, acostumbran a enrabiarse de modo terrible y a atacar con sus cuernos puntiagudos, con la frente de piedra y a veces con mordiscos envenenados, para perdición de

58

los mortales. Pero cuando al mediodía el sol haya mitigado su fuerza y el ganado se haya tranquilizado con la serenidad del aire del río, podrás esconderte bajo aquel plátano tan esplendoroso, que bebe conmigo la misma corriente de agua. Tan pronto como las ovejas, mitigada su furia, se hayan relajado, encontrarás tú, sacudiendo las ramas del cercano bosque, la lana dorada que ha quedado enredada por todas partes en los retorcidos troncos».

(13) Así un sencillo y compasivo junco le enseñaba a la tristísima Psique cómo salvarse. Ésta no dejó de escuchar atentamente todas las instrucciones, de las que no se habría de arrepentir, sino que las cumplió en su totalidad, pudiendo llevar así a Venus, merced a un robo muy fácil, el regazo lleno de suave lana de oro brillante. Pero el peligro de haber cumplido con éxito esta segunda misión tan ardua no mereció acogida favorable en su señora, sino que, frunciendo el ceño y sonriendo, ésta dijo amargamente:

«No se me escapa tampoco el falso autor de esta acción. Pero ahora comprobaré si de verdad posees ánimo fuerte y prudencia. ¿Ves la cima que sobresale sobre aquella peña tan elevada de la montaña más alta, de la que fluyen aguas oscuras procedentes de una fuente tenebrosa y que, encerradas en lo más profundo de un valle cercano, desembocan en la laguna Estigia y alimentan las ruidosas corrientes del Cocito?[25] De allí mismo tráeme, al instante, en esta

25. El Cocito era uno de los ríos del infierno.

pequeña urna, agua de la que brota del manantial de lo más alto de la fuente». Después de hablar así, le entregó un pequeño vaso de pulido cristal, mientras la amenazaba con palabras más graves.

(14) Psique, a toda prisa, se dirige a lo alto de la montaña, dispuesta a encontrar allí el final de una vida tan desgraciada. Tan pronto como alcanza las inmediaciones del punto más elevado, ve que la dificultad de tan gran empresa es mortal. En efecto, una roca, alta y de gigantesco tamaño, resbaladiza, escarpada e inaccesible, vomitaba desde un cráter en el medio de la piedra horribles aguas que, poco después de salir por las grietas del agujero subterráneo, caían por una pendiente y, por un camino excavado en forma de un estrecho canal, llegaban, como escondidas, a un valle cercano. A derecha e izquierda, por los huecos entre las piedras, se arrastraban feroces dragones alargando sus largos cuellos, con ojos obligados a perpetua vigilia y con las pupilas constantemente en guardia y abiertas a la luz. Hasta las mismas aguas, que podían hablar, se defendían. Pues gritaban: «¡Márchate! ¿Qué haces? Vigila ¿En qué andas? Ve con cuidado. Huye. Morirás».

Así, Psique, petrificada por la imposibilidad de llevar a cabo el encargo, por más que su cuerpo estaba presente había perdido los sentidos y, sobrecargada por la enorme magnitud del indescriptible peligro, carecía incluso del último consuelo, el de las lágrimas.

(15) Pero la pena de aquella alma inocente no pasó desapercibida a los nobles ojos de la buena Providencia, porque la real ave del supremo Júpiter, el águila rapaz, acudió rápidamente con las alas completamente desplegadas.[26] Acordándose del antiguo servicio prestado, cuando, guiada por Cupido, había llevado al frigio copero hasta Júpiter, prestándole oportuna ayuda y honrando la divinidad de aquel dios en las penas de la esposa, abandonó los caminos aéreos de una alta cima y, volando delante del rostro de la muchacha, le dijo:

«¡Mira que eres ingenua e inexperta en estas cosas! ¿Es que acaso confías en poder robar o tocar una sola gota de esta fuente sagrada y no menos terrible? Habrás oído decir que estas aguas son muy temidas por los dioses e incluso por el mismo Júpiter pues, mientras vosotros juráis por la divinidad de los dioses, éstos lo hacen por la majestad de la Estigia. Venga, dame esta urna».

Y al punto, agarrando la urna, se apresura y, con la fuerza de las alas, vuela a derecha e izquierda entre las mandíbulas de fieros dientes y las lenguas de tres brazos de los dragones. Por más que las aguas se le resisten y le amenacen con que no se marchará ilesa, toma una pequeña cantidad de agua, alegando que ha llegado allí por orden de Venus y que está a su servicio, y así le es más fácil acercarse.

26. Un águila raptó a Ganímedes (el frigio copero del relato) para que sirviera a Júpiter.

(16) Psique, después de recibir con alegría la urna, a toda prisa se la lleva a Venus. Pero ni siquiera así pudo aplacar la voluntad de la airada diosa. Amenazándola con mayores y peores ignominias, con funesta sonrisa le dice:

«Me parece que eres una gran bruja y muy poderosa, pues has obedecido mis órdenes tan especiales con diligencia. Pero todavía, muñequita, deberás cumplir otra misión. Toma esta cajita –y se la entrega– y dirígete enseguida a los infiernos y al hogar fúnebre del mismo Orco. Una vez allí, entrega la cajita a Proserpina y dile: "Venus te pide que le envíes una pequeña parte de tu belleza, la suficiente para un solo día. Pues la que tenía la ha consumido y agotado en su totalidad cuidando a su hijo enfermo". Pero no vuelvas demasiado tarde, pues necesito ponérmela antes de asistir a la asamblea de los dioses».

(17) Entonces Psique se dio cuenta de que había llegado el final de su fortuna y de que ya no servía de nada ocultar que se le empujaba a una muerte segura. ¿Y cómo evitarla, obligada a dirigirse por su propio pie y voluntariamente al Tártaro²⁷ y a las sombras de los muertos? Sin pensárselo dos veces, se encaminó hacia una torre muy alta, dispuesta a lanzarse desde ella, pues creía que así podría descender directamente y con facilidad al mundo subterráneo.

Pero la torre, de repente, le dijo:

«¿Por qué, pobrecita, quieres poner fin a tu vida?

27. Mundo subterráneo y de los muertos.

¿Por qué sucumbes tan rápido a este nuevo peligro y a esta nueva prueba? Si tu espíritu fuera separado de tu cuerpo, sin duda irías directamente a lo más profundo del Tártaro, pero nunca más podrías regresar.

(18) Escúchame bien. Lacedemonia, la noble ciudad de Acaya no está muy lejos. Pregunta por Ténaro,[28] que está cerca, en un lugar apartado. Allí se halla la espiral de Ditis.[29] A través de las puertas abiertas se te mostrará un camino casi intransitable. Después de atravesar el umbral, en línea recta llegarás al palacio del Orco. Pero no camines en la oscuridad con las manos vacías; en ambas manos lleva dos bolas de harina cubiertas de vino mezclado con miel, y en la boca, dos monedas.[30]

Cuando hayas recorrido buena parte del camino reservado a los muertos, te toparás con un asno cojo cargado de leña, acompañando a un palafrenero también cojo, que te pedirá que le recojas del suelo unas ramas que han caído, pero tú, sin decirle nada, pasa de largo. Enseguida, llegarás al río de los muertos, vigilado por Caronte, que primero exige el impuesto y después transporta a los viajeros hasta la otra orilla en su

28. La provincia romana de Acaya incluía lugares como Lacedemonia (Esparta) y el cabo Ténaro (hoy cabo Matapán), donde se encontraba un templo y una caverna que era considerada como la entrada al mundo subterráneo.

29. Dios de los infiernos.

30. Al llegar al reino del inframundo los espíritus eran guiados a través de la laguna Estigia por el barquero Caronte, que les exigía el pago de una moneda.

barca fabricada con cuero cosido. Pues la avaricia habita también entre los muertos y ni siquiera Caronte, el recaudador de Ditis, un dios tan poderoso, no hace nada gratis, sino que el pobre que se ha muerto ha de conseguir dinero para el trayecto y, si no llevara el dinero en la mano, nadie le dejaría en paz.

A ese viejo horrible entrégale como flete una de las monedas que lleves, pero hazlo de manera que sea él quien te la retire de la boca. Después, cuando atravieses la tranquila corriente, un viejo muerto que flota en el agua, alzando sus sucias manos, te pedirá que le ayudes a subir a la barca, pero no te dejes arrastrar por la piedad, que está prohibida.

(19) Justo después de haber atravesado el río, unas viejas tejedoras que estarán tejiendo te pedirán que les ayudes, pero el precepto divino no te permite acometer dicha tarea. Todas estas cosas y muchas más son trampas preparadas por Venus para que dejes caer de las manos una de las bolas de harina. Y no creas que perder una de las bolas constituya una falta insignificante, pues, si perdieras una de las dos bolas, no podrías volver a ver la luz del sol. Pues un perro enorme, con tres cuellos y tres cabezas, inmenso y temible, que ladra con sus fauces cual un trueno, aterroriza en vano a los muertos, a los que ya no puede causar más daño. Siempre alerta ante la entrada del negro atrio de Proserpina, vigila el palacio vacío de Ditis.

Entrarás con facilidad si lo amansas ofreciéndole una de las bolas y así enseguida estarás en presencia de Proserpina, que te recibirá con afecto y bondad y que intentará convencerte para que te sientes cómodamente[31] y pruebes algún manjar exquisito. Pero tú siéntate en el suelo y pide un trozo de pan común y cómetelo. Después de explicarle a qué has venido y de recoger lo que ella te dé, da media vuelta, calma la fiereza del perro con la otra bola de harina, entrégale al avaro barquero la moneda que te guardaste, y, tan pronto como hayas atravesado el río, vuelve sobre tus pasos y así podrás volver a ver esta danza de estrellas celestes. Pero sobre todo sigue este consejo: no abras ni examines la cajita que llevas ni intentes descubrir el tesoro de la belleza divina que en ella se guarda escondido».

(20) De este modo cumplió su cometido aquella torre, dotada del don de la adivinación. Sin demorarse, Psique se encaminó hacia el Ténaro y, según lo acordado, después de coger las monedas y las bolas de harina, recorrió el pasaje subterráneo, pasó en silencio junto al flaco palafrenero, entregó al barquero la moneda para el trayecto, ignoró las súplicas del muerto que flotaba en el agua, despreció los ruegos engañosos de las tejedoras, mitigó la rabia del perro alimentándolo con una de las bolas de harina y penetró en la morada de Proserpina. Y no aceptó ningún cómodo asiento ni ningún delicado manjar, sino que, sentándose respetuosamente a sus pies, se contentó

31. Alusión a la trampa perpetrada contra Teseo, condenado a sentarse eternamente (véase Virgilio, *Eneida*, VI, 617-618).

con un trozo de pan común y al punto le expuso el encargo de Venus. Inmediatamente recibió la cajita que aquélla había llenado y cerrado a escondidas, y acallando los ladridos del perro con el engaño de la otra bola de harina y dándole al barquero la otra moneda, salió de los infiernos mucho más de prisa.

Al poder ver y adorar de nuevo la brillante luz del día, por más que tenía prisa por cumplir el encargo, Psique se dejó arrastrar por la curiosidad y se dijo a sí misma: «Desde luego soy tonta llevando esta belleza divina, de la que no puedo extraer ni siquiera una ínfima parte. Así podría yo complacer a mi amante tan apuesto».

(21) Y tal como lo dijo, abrió la cajita. Pero allí no había belleza alguna ni nada parecido, sino un sueño infernal verdaderamente digno de la Estigia, que, una vez liberado, se apoderó de ella cual si fuera una niebla llena de sopor. Psique cayó justo en el mismo lugar que había pisado. Yacía inmóvil, como un cadáver que duerme.

Pero Cupido, recuperado y con la cicatriz cerrada y sin poder tolerar por más tiempo la ausencia de Psique, se deslizó por la ventana más alta de la habitación donde estaba encerrado y con las alas reforzadas tras tan largo descanso, corrió volando hacia su Psique y, secándole el sueño cuidadosamente, lo volvió a encerrar en la cajita. Después de despertar a Psique con una pequeña punzada de su flecha, le dijo: «Así que, pobrecita, has vuelto a sucumbir a tu curiosidad. Cumple de una vez con el encargo que se te ha dado por orden de mi madre. Yo ya me encargaré del resto».

Tras pronunciar estas palabras, el enamorado se puso a volar con las alas ligeras y Psique se apresuró a entregar el regalo de Proserpina a Venus.

(22) Entretanto Cupido, consumido por una excesiva pasión y con la cara triste, temiendo la repentina sobriedad de su madre, volvió a sus antiguas maneras y atravesando con sus rápidas alas el punto más alto del cielo, suplicó al gran Júpiter y le expuso su causa. Entonces Júpiter agarra a Cupido por la mejilla y, acercándoselo a la cara con la mano, le da un beso y le dice:

«A ti, señor hijo mío, te está permitido faltarme al respeto que los dioses me concedieron. Con tus flechas has herido a menudo mi corazón, en el que se guardan las leyes de los elementos y los movimientos de los astros, y lo has ensuciado con frecuentes aventuras de amor terrenal. En contra de las leyes, de la propia ley Julia[32] y de la moral pública, has vulnerado mi honor y mi fama con vergonzosos adulterios, transformando innoblemente mis majestuosos rostros en serpiente, en fuego, en fiera, en ave y en ganado.[33] Pero me acuerdo también de tu moderación y de que has crecido entre estas manos mías. Así que haré todo lo que me pidas mientras sepas

32. La *Lex Julia de adulteriis*, promulgada hacia el año 18 antes de Cristo por Augusto, prescribía el castigo por adulterio.

33. Alusión a las múltiples formas adoptadas por Júpiter para seducir a sus amantes.

detener a quienes quieren imitarte. Si hay ahora en la tierra una muchacha que sobresalga por su belleza, recuerda que debes devolverme el favor, dándomela como presente».

(23) Después de hablar así, ordena a Mercurio que convoque enseguida a todos los dioses en asamblea y que anuncie que si alguien se ausenta de la reunión será castigado con una multa de diez mil sestercios.[34] Con el teatro celeste lleno a rebosar ante tal amenaza, Júpiter, sentado en una silla elevada, proclama así:

«¡Dioses inscritos en la lista de las Musas,[35] todos conocéis sin duda a este joven que he criado con mis propias manos. He pensado que los impulsos acalorados de su primera juventud debían ser refrenados de algún modo. Basta ya de difamarlo en cotidianas conversaciones por culpa de sus adulterios y su comportamiento indecoroso. Toda ocasión de obrar mal debe ser suprimida y su lujuria pueril debe ser frenada con los vínculos del matrimonio. Ha escogido a una muchacha y la ha privado de su virginidad. Que la tenga, la posea y, abrazado a Psique, goce de su amor por siempre».

Y, girándose a Venus, le dijo:

«Y tú, hija mía, no te entristezcas ni temas que matrimonio con mortal pueda envilecer tu ilustre li-

34. Moneda de plata que valía dos ases y medio, o la cuarta parte de un denario.
35. Las Musas confeccionan la lista de dioses, de igual modo como los censores confeccionaban la lista de senadores.

naje. Haré que estas nupcias no sean desiguales, sino legítimas y de acuerdo con el derecho civil».

Ordena a Mercurio que coja a Psique y la conduzca al cielo. Después de ofrecerle un vaso lleno de ambrosía, le dice:

«Bebe, Psique, y serás inmortal y Cupido no se apartará jamás del vínculo que a ti le une, sino que estas nupcias vuestras serán eternas».

(24) Sin demora alguna se sirvió un esplendoroso banquete de bodas. El marido yacía en el lecho de honor, abrazando a Psique. De igual modo también Júpiter con su esposa Juno y a continuación, por orden, todos los dioses. El vaso de néctar, vino de los dioses, a Júpiter se lo servía su copero, aquel muchacho del campo;[36] a los otros, los servía Líber;[37] Vulcano preparaba la cena; las Horas lo embriagaban todo con rosas y todo tipo de flores; las Gracias esparcían perfumes, las Musas hacían sonar sus instrumentos. Apolo cantó acompañándose con la cítara. Venus bailó armoniosamente al son de una suave música. Se dispuso un escenario para que las Musas cantaran a coro e hicieran sonar sus flautas. Sátiro y Panisco tocaban la zampoña. Allí, según el rito, casó Psique con Cupido, y de ellos nació, cuando llegó el momento del parto, una hija, a la que llamaron Voluptuosidad.

36. Ganímedes (véase más arriba).
37. Nombre con que se conoce también a Baco, hijo de Júpiter y de Semele, dios del vino y de la embriaguez.

Apuleyo y la fortuna

Antonio Betancor

Poco antes de morir, Platón soñó que se había convertido en un cisne que volaba de un árbol a otro, causando de este modo extremas dificultades a los arqueros que querían abatirlo.

Olimpiodoro, *Vita Platonis*

Los rétores han dejado una definición de «mito» que se ha vuelto clásica: un discurso engañoso que figura la verdad.

Franz Cumont, *Recherches sur le symbolisme funéraire des romains*

I

Apuleyo nació en el año 125 d.C. en Madauros (hoy Mdaurusch, en Argelia), cuando en Roma se ultimaba el Panteón, una deslumbrante estructura que derramaba su luz cenital por una bóveda de geométricas perfecciones; pudo haber muerto medio siglo más tarde, mientras el filósofo y emperador Marco Aurelio se adentraba con sus legiones por los inhóspitos parajes del Danubio y la magnánima luz del Imperio empezaba a empañarse.

En las estrellas seguía centelleando el fuego divino que enlazaba a dioses, hombres y bestias, pero –tal y como mostraba el astrónomo Ptolomeo en un diagrama compuesto por aquel entonces– los cuerpos celestes se habían alejado, como en un súbito espasmo, abriendo un abismo entre los inmortales y una tierra en la que no mucho antes habían paseado Minerva, Apolo, Hermes....

Como es natural, el ser supremo del pagano instruido –un sofisticado compromiso entre la Academia, el Liceo y el Pórtico, de escaso interés práctico
para la ética de los epicúreos o de los cínicos– había
acompañado a los astros en su retirada. En lo más
alto –agazapada, sostenían algunos, tras la esfera de
las estrellas fijas– una inteligencia rectora se mostraba capaz de albergar en su interior al pletórico mundo de las Ideas (el modelo indeleble de todo lo que
existe y dejará de existir), pero no de hacer llegar su
brazo providencial hasta los distintos departamentos de su reino y ocuparse debidamente de los pormenores. Las perseverantes maniobras dialécticas de
platónicos y pitagóricos se apoyaban cada vez más en
una especializada prestidigitación cosmológica que
había sido diseñada desde tiempos inmemoriales para
conducir a la reflexión hacia el umbral de lo inexpresable, y que se infiltraba, trágicamente trastocada, en
las desaforadas especulaciones de los gnósticos y los
redactores de los textos herméticos. Todos podían
disentir en el modo de estrechar un vínculo con la
verdad; todos coincidían, empero, en su trascendencia e inefabilidad; coincidían también en la necesidad
de despegarse de las cosas mundanas para acercarse
a ella. En un fragmento de un tratado extraviado,[38] el
pitagórico sirio Numenio comparaba al contemplativo con «un hombre sentado en lo alto de una atalaya, que avista furtivamente un pequeño barco de

38. Bernard McGinn, *The Foundation of Mysticism*, SCM
Press Ltd, Londres 1992, pág. 43.

pesca, un solitario esquife, abandonado a su suerte. De este modo debe retirarse el hombre de las cosas sensibles y comulgar con el Bien».

A medida que una difusa pero creciente necesidad personal de asistencia sobrenatural se iba abriendo paso, dos viejos elementos, provenientes de la religión y del folclore, proporcionaban a la imaginación el combustible necesario para su despliegue: los cultos mistéricos y los *dáimones*.

Las religiones mistéricas vinieron de Oriente, de Egipto y de un arcaico pasado heleno, con su alborotado cortejo de exóticos dioses y diosas a quienes la piedad grecorromana fue transformando en una solícita elite internacional de redentores personales. Todas ellas ofrecían un ritual purificatorio por el que debía pasar el participante; una comunión con un dios o una diosa que había vencido a la muerte; y, finalmente, la garantía de compartir con la deidad el privilegio de una vida más allá de la tumba. El iniciado en un culto mistérico se comprometía a guardar silencio hasta el fin de sus días, y cumplía su promesa, no sabemos si por respeto a la normativa o por lo incomunicable de una experiencia de quien ha unido su destino al de la divinidad. La carestía de textos litúrgicos pertinentes nos impide calibrar la medida en que la filosofía griega contribuyó a transmutar las mitologías orientales en religiones mistéricas; de lo que no hay duda es de que aquella se fue convirtiendo gradualmente, tal vez al amparo de éstas, en un preciso instrumento de salvación: el vínculo entre conocimiento y la ritualización de la espiritualidad, entre contemplación intelectual y misterio –ya presente en los diálogos de Platón– se iba estrechando a medida que la terminología iniciática se incorporaba al lenguaje filosófico.

El folclore aportó unos auxiliares menos diligentes y más revoltosos, activos ya en la Grecia homérica y emparentados con los númenes populares romanos: los *dáimones*, una correosa y apasionante materia de estudio para hombres tan dispares como un Jenócrates, un Filón o un Plutarco, y exorcizados más tarde por un rigorismo cristiano poco condescendiente con la indisciplina. La erudición germana los designó con un término tan pintoresco como irreprochable, *Augenblickgötter*, «dioses del instante», con el que se sugiere un poder circunscrito a una intervención precisa: en un abrir y cerrar de ojos (*Augenblickgötter*), el *daimon* actuaba y desaparecía. El sobresalto de una yegua, un despropósito en el hogar, una inspiración súbita, daban fe de su presencia en un mundo en que la psicopatología de la vida cotidiana era poco más que un tumultuoso subapartado de la teología. Plutarco –consciente del parentesco directo entre los *dáimones* y las inconstancias del alma humana– atribuía el declive de los oráculos al hecho de que ya no eran dioses, sino *dáimones*, quienes los controlaban; y el historiador Peter Brown nos recuerda, con británico laconismo, que «los *dáimones* eran las "estrellas" del drama religioso de la Antigüedad tardía. Necesitaban un empresario y lo encontraron en la Iglesia cristiana».[39]

El filósofo platónico Albino probó la existencia de estas invisibles criaturas con un silogismo concluyente: «El aire es el elemento que preserva la vida y no puede, en consecuencia, verse privado de seres vivos. Los pájaros son, en propiedad, terrestres; hemos de postular –concluye Albino– la existencia de auténticos seres aéreos, esto es, los *dáimones*» (no nos precipitemos y recordemos que, casi un milenio y medio más tarde, el padre de nuestro racionalismo abría su Sexta Meditación con un propósito aún más sorprendente: «No me queda sino examinar –escribe Descartes– si las cosas materiales existen»).

Como espíritus ambivalentes que personificaban la presencia de la incertidumbre en lo cotidiano, los *dáimones* avivaban y transmitían las supersticiones y se invocaban en las prácticas mágicas; pero su capacidad para mediar entre dioses y humanos no pasó desapercibida a la reflexión filosófica; paulatinamente ésta los fue incorporando a una estructura conceptual que permitía entender la naturaleza humana como parte activa de una trama cósmica entreverada de fuerzas desconcertantes. Siglos atrás, Platón había presentado ya, en su diálogo *El Banquete*, a un *daimon* llamado Eros, encargado inicialmente de suscitar los desórdenes del apetito carnal; con el descubrimiento de una radical insuficiencia (su madre es Penía, la carencia) y en la inventiva persecución del objeto de su deseo, la belleza (su padre es Poros, el

---

39. Peter Brown, *The World of Late Antiquity*, Thames and Hudson, Londres, 1971 [*El mundo en la Antigüedad tardía*, Taurus, Madrid, 1989, pág. 68].

recurso), este afanoso *daimon*, acostumbrado a pasar fatigas y a pernoctar a la intemperie, emprenderá una búsqueda cada vez más ambiciosa que lo encaminará hacia el Bien y lo revelará finalmente como un impulso o guía trascendental del ser humano, como una variante helena de aquellos mensajeros y guardianes personales que protagonizaban la literatura de los hebreos. En uno de los panoramas más sobrecogedoramente complejos de la espiritualidad de occidente y modelo canónico de todos los sincretismos religiosos, los *dáimones* campearon a sus anchas, y hasta que les llegó el momento de ser catalogados –junto con los dioses– como «demonios» bajo el agudo filo ético del cristianismo, estuvieron presentes en todas las transacciones del alma humana con lo desconocido. El historiador de las religiones Luther H. Martin subraya, en una ingeniosa frase tan apta para el género policiaco como para la inquietud espiritual, que «el problema de la piedad helenística no era la ausencia de orden sino acceder a él».[40] Pues bien, los *dáimones* repoblaron ese vacío que, según el diagrama cosmológico de Ptolomeo, separaba el mundo sublunar del orden celestial y posibilitaron un acceso a éste.

Dáimones y dioses mistéricos se sumaron al arsenal alegórico de la filosofía y la literatura, repleto ya de prestigiosas deidades olímpicas consagradas por la tradición y la devoción astral. La alegoría, un ve-

40. Luther A. Martin, *Hellenistic Religions: An Introduction*, Oxford University Press, Nueva York & Oxford, 1987.

nerable tropo que asiste a la razón en su confrontación con las perplejidades del mito, permitió a los pensadores del tardohelenismo entablar un diálogo con exóticos cultos y enigmáticos textos revelados, facilitó la expresión y el intercambio de imágenes y símbolos de un modo concertado y reanimó con un halo de misterio los conceptos transmitidos por su polifacético mecanismo educativo: en una lenta, casi imperceptible reversión del escepticismo académico, la mitología se iba convirtiendo en una flexible tipología en manos de unos filósofos convertidos en intérpretes de las cosas divinas.

Por lo que respecta a las cosas terrenas, el mundo sublunar y su cotidiano desbarajuste de elementos irreconciliables, podemos ser más sumarios y centrarnos en la gran dama que terminó acaparando la mecánica adhesión mostrada, en otros tiempos, a los cultos oficiales. Podía vérsela en las ciudades, coronada con una muralla almenada; un remo y una cornucopia en sus manos atestiguaban su carácter imprevisible y su capacidad de aglutinar, en una confusa gramática, los aspectos contradictorios de la existencia.

Como señora del destino y del curso implacable de la naturaleza, los griegos la conocieron, desde Sicilia hasta el Éufrates, desde Egipto hasta la Galia, por el nombre de *heimarmene*, originalmente una designación abstracta de la fatalidad, una fatalidad que disponía de los dáimones como de un séquito personal de ejecutivos infalibles.

Como viva imagen de la arbitrariedad y la inconstancia fue ampliando sus atributos y se convirtió en la diosa Fortuna, a quien Lucano no duda en calificar como la verdadera gobernadora del Universo (un modo cortés de indicarnos que, exceptuando tal vez a los severos filósofos y los afortunados iniciados en los cultos mistéricos, los ciudadanos del imperio se habían postrado ante el azar). Juvenal aconsejaba prudencia a la hora de lidiar con ella; los estoicos, una resignada determinación; los epicúreos, quietismo; los adivinos y los astrólogos consagraban sus esfuerzos a intuir su curso entre los ritmos invariables de los remotos y majestuosos cuerpos celestes...; pero unas viejas monedas nos revelan que en Sebastos, el titánico puerto de Cesárea Marítima, la diosa Fortuna sostenía en su mano la efigie del Emperador.

II

En este universo globalizado, próspero aún y tocado quizás por el presentimiento de su declive, las clases privilegiadas podían permitirse volver la vista hacia un pasado clásico y sostenerlo, como una escenografía incorruptible, a golpe de literatura y de talonario. Así se desarrolló la Segunda Sofística, como el resultado de la coordinación de varios factores: la rendición de Roma a la cultura griega; la plena aceptación de su riguroso sistema educativo; la primacía, dentro de éste, del arte de la oratoria; y, por último, la resuelta voluntad de los griegos de aprovecharse de todo ello. Volcada en la imitación de los modelos literarios y retóricos aticistas, la Segunda Sofística ha pasado a la historia como una retrógrada galería de pedantes ansiosos de abrirse paso hacia la fama, los privilegios y la riqueza con el arma de la declamación: una oratoria de lucimiento, domesticada y acostumbrada a evadir el compromiso político desde la clausura definitiva de la república.

Compartían los sofistas (o rétores) con su público una veneración casi supersticiosa por las palabras y todas las posibles maniobras para realzarlas; su dedicación y su empeño –que hoy nos parece servil– partían de la discutible presunción de que todo lo importante se había dicho ya, como si en un pasado modélico el tiempo hubiese descargado, en unas escogidas ráfagas oraculares, toda la sabiduría almacenada en el silencio. Para ellos la retórica, la historia, la comedia, no eran géneros sino individuos, o mejor, las citas compendiadas de individuos convertidos en modelos de dicción: Isócrates y Catón; Tucídides y Salustio; Aristófanes, Plauto...

Pese a su proyección pública –o tal vez debido a ella– no nos queda de ellos ningún retrato consistente. Filóstrato, rétor también y acuñador del apelativo colectivo «Segunda Sofística» –para distinguirla de aquella «Primera» que, siglos antes, había sido objeto de desdén y de intensa curiosidad por parte de Sócrates– nos dejó en sus *Vidas* varios perfiles evasivos aderezados con algún cotilleo. De Alejandro de Seleucia nos cuenta que «poseía riquezas que gastaba en placeres irreprochables», un rocambolesco oxímoron tan inabordable entonces como hoy; de Favorino de Arles, que «proclamaba, como paradójicas, tres circunstancias de su vida: ser galo y tener mentalidad de griego, ser eunuco y sufrir un proceso de adulterio, haberse enfrentado al emperador y seguir vivo».[41] No es lo que se llama un perfil convincente, pero sí bastante más recatado que los macarrónicos sumatorios de anécdotas con los que se diseñan las fugaces biografías de nuestras celebridades.

Estaba Pausanias, que compiló con fervor de anticuario una guía monumental para que los romanos se orientaran e instruyeran por una Grecia que había existido antes de que la ocuparan sus legiones... Y Herodes Ático, un mecenas cuyas riquezas, poder y magnificencia no admitían comparación salvo con las del emperador, y que fue legado imperial de las ciudades libres de Asia, cónsul bajo Antonino, arconte de Atenas (a la que obsequió con el Estadio Olímpico y el Odeón), y todo ello en sus ratos libres, puesto que lo que de verdad le cautivaba y ocupaba en serio era la sofística. Y Polemón de Laodicea, el más insigne representante de la oratoria barroca, admirado, aclamado y mimado por las multitudes, que se alzaba súbitamente de su trono con enfáticos e inesperados gestos y se desplazaba en un carruaje plateado seguido de una abigarrada comitiva de acémilas, caballos, esclavos y perros de caza (sigo fielmente a Filóstrato en la enumeración de los *fans* de este ídolo).

41. Filóstrato, *Vidas de los sofistas*, Editorial Gredos, Madrid, 1982, pág. 183 (1ª cita) y 80 (2ª cita).

Tres de ellos destacan por su calidad literaria y por su vinculación con el sentimiento religioso de la época. El primero es Luciano de Samosata, que dedicó una gran parte de su prolija obra a satirizarlo; el segundo, Elio Arístides, por vivirlo de un modo que sigue intrigando a la psicología moderna: incubar sueños en los santuarios del dios Asclepios en espera de indicaciones terapéuticas para su largo catálogo de dolencias, y hacer de ello una prolongada práctica (hoy acudiríamos a un consultorio sobrenatural *sólo* para curarnos; Elio Arístides explotaba su salud como excusa para frecuentarlo y comunicarse en él con su divinidad tutelar). El tercero es Apuleyo, el autor de nuestra fábula.

Apuleyo compartió con los sofistas del imperio el mismo anhelo de saberlo todo (o, al menos, de aparentar saberlo), de convertirse en una especie de enciclopedia ambulante capaz de verter, con depurado estilo arcaizante, sus contenidos en teatros abarrotados por un público instruido que celebraba a los virtuosos de la elocuencia, y que solía conmemorarlos con una estatua: hay documentos epigráficos y referencias ocasionales que permiten suponer que Apuleyo tuvo la suya en Madauros (*Philosopho Platonico Madaurensis*, reza aún la dedicatoria encontrada por los arqueólogos a los pies de un podio vacío), en Cartago, y también en Bizancio.

Sus lenguas natales fueron el latín y el púnico, a las que pronto añadió el griego; en Cartago se formó como gramático y rétor. Una cuantiosa herencia de su padre –que había detentado el *duumvirato*, la más alta magistratura de la colonia– le permitió costearse sus estudios en Atenas y completar allí, con éxito, el programa de estudios necesario para el ejercicio de su vocación: poesía, música, geometría, dialéctica y, sobre todo, filosofía. Viajó por Asia Menor y se detuvo en Samos, la cuna de Pitágoras, evocado por Apuleyo como el maestro de ese silencio necesario para alcanzar la sabiduría y ser adoptado «en la familia platónica».[42] Vivió –se desconoce por cuanto tiempo– en Roma, en donde ejercitó la oratoria y se relacionó con círculos influyentes y posiblemente con personalidades que, desde Clemente de Alejandría, se conocen con el nombre de «esotéricas».[43] Aprendió, en una vida marcada por los estudios, a transitar con agilidad por innumerables disciplinas y acumuló un heterogéneo repertorio de conocimientos que revela la predilección enumerativa de los sofistas, y que nos resulta hoy, *mutatis mutandi*, tan extravagante y desaforado como el barroco sueño de un Athanasius Kircher: ictiología, sísmica y vulcanología, historia, fisiología, ética, astrología... y una

42. Apuleyo, *Apología*, Florida (XV), Gredos, Madrid, 1980, pág. 257.

43. Para Ken Dowden los vínculos entre la fábula de Amor y Psique y el mito herético de la caída del alma en una creación deficiente son lo suficientemente explícitos como para presumir una relación directa entre Apuleyo y el gnóstico Valentino, activo entonces en Roma. Véase K. Dowden, *Cupid and Psique: A Question of the Vision of Apuleius* en M. Zimmerman y V. Hunink, eds., *Aspects of Apuleius' Golden Ass* (vol. II), Egbert Forsten, Groninga, 1998, pág. 1-22.

especial predilección por la magia. Todo valía a la hora de disertar sobre el plumaje de un papagayo, glosar la figura ejemplar de Crates, componer un panegírico de Cartago o de Pérgamo, o enaltecer –aludiendo oportunamente a los clásicos– la higiene dental.

Hay que admitir que un personaje de este perfil está condenado, entonces como hoy, a resultar sospechoso a los ojos de la domesticidad: de camino a Egipto, Apuleyo se detiene en Oea (la actual Trípoli) y se encuentra con un compañero de estudios de Atenas que le presenta a su madre, Pudentilla, una viuda algo mayor que el madaurense y heredera de una fortuna y de una familia política que no estaba dispuesta a dejarla escapar (la fortuna, se sobreentiende). Apuleyo desposa a Pudentilla y, a partir de aquí, los hechos se precipitan con esa lógica implacable que no puede desembocar sino en los tribunales. Se le acusó de haber seducido a su mujer con las artes de la magia; el proceso se celebró en la vecina ciudad de Sabratha, en presencia del procónsul Claudio Máximo, quien lo absolvió tras una brillante declamación en que Apuleyo se presenta como un abnegado filósofo platónico, y que se ha conservado íntegramente en su *Apología* (más parecida a un paseo triunfal que a una cautelosa y táctica autodefensa en que peligraba –en virtud de la ley de Sila contra la magia– la vida del artista). En su libro sobre Apuleyo, James Tatum destaca que, a la vista de su alocución, los acusadores del rétor «emergen como los litigantes más estúpidos jamás vistos en la oratoria clásica» y añade: «un galardón nada fácil de merecer».[44]

Sabemos de su inquietud religiosa –no contaminada por el ilustrado sarcasmo de un Luciano ni por los agónicos duelos de Elio Arístides– y de un persistente interés por los cultos mistéricos que le condujo a iniciarse en algunos de ellos.

En un estudio sobre la imagen del intelectual en la antigüedad el arqueólogo Paul Zanker intenta reconstruir la apariencia de los desaparecidos bustos de Apuleyo; infiere que su barba tuvo que ser corta y cuidada, para cumplir con los requisitos de la urbanidad burguesa, mientras que sus cabellos debían de sugerir la ascética severidad del filósofo: un estudiado desaliño, a la manera de los cínicos, o tal vez los apretados y recortados rizos de los estoicos.[45]

Su rastro se pierde a partir del año 170 y se presume que pudo morir en Cartago. Su reputación póstuma ha sido plural: taumaturgo experto en *dáimones* para San Agustín –su paisano– y para la Alta Edad Media; presunto adaptador del Asclepios –un libro esencial del misterioso *Corpus Hermeticum*– y poseedor, en consecuencia, de obscuros conocimientos revelados por Hermes Trismegistus; destacado miembro de la familia platónica y compendiador, traductor y transmisor de su filosofía; esteta deca-

44. James Tatum, *Apuleius and The Golden Ass*, Cornell University Press, Ithaca 1979, pág. 108.

45. Paul Zanker, *The Mask of Socrates: The Image of the Intellectual in Antiquity*, University of California Press, Berkeley, 1995.

dente y modelo de dicción; inspirador de fabuladores y cantera inagotable de historias picantes..., Apuleyo es un caleidoscopio que cambia sin cesar las configuraciones de sus cristales a medida que transitamos entre las antípodas que señalizaron su fama: intérprete de las cosas divinas y estrella popular de la declamación.

Aunque se discute aún la atribución de una gran parte de su obra, no se pone hoy en duda su producción oratoria –la mencionada *Apología*, y los *Florida*, una colección de extractos declamatorios–; ni su *De deo Socratis*, el tratado daimonológico mas completo de la antigüedad grecolatina; ni, por supuesto, la de sus *Metamorfosis*, conocida también como el *Asno de Oro (Asinus Aureus)*, la única novela que nos llega íntegra de aquella época en que dioses y emperadores empezaban a distanciarse, los filósofos se volvían crípticos, los rétores declamaban los grandes éxitos de un pasado extinto y los *dáimones* y los magos vivían sus momentos de gloria.

III

A lo largo de once libros que intercalan las peripecias de su protagonista con una serie de episodios menores y una fábula memorable –el cuento de *Amor y Psique*, que ocupa los libros centrales– *Las Metamorfosis* narran la historia de un joven llamado Lucio que, en un viaje de negocios a Tesalia, se ve asaltado por una desmedida curiosidad por la magia, así pues, busca y encuentra la ocasión para iniciarse en su práctica y, en lo que podríamos llamar un error de cálculo –Lucio quiere volar pero se equivoca de pócima– acaba transformado en un asno. Este motivo de degradación biológica tiene precedentes en la antigüedad –baste pensar en las representaciones egipcias de Set, el caótico rival de Osiris– pero hay que esperar hasta la literatura del siglo XX para pasar de lo grotesco a lo descarnadamente monstruoso en la figura de Gregorio Samsa, el viajante de Franz Kafka, que, tras un sueño intranquilo, amanece convertido en un insecto.

La trama de *Las Metamorfosis* se va abriendo paso por una atmósfera cargada de eléctrica vitalidad y un paisaje en que conviven el bucolismo y el desasosiego; combina con destreza lo escabroso y lo trivial, la ingenuidad y el artificio, la solemnidad y la parodia, lo sacro y lo irreverente, la delicadeza y la obscenidad, los lugares más comunes del sentido común y los imprevisibles recovecos del delirio onírico. Hay transiciones bruscas, como si la unidad narrativa pudiera descoyuntarse en cualquier momento, como si un destino indiferente arrastrara a Lucio por un laberinto de situaciones y secuencias que desdicen toda noción deliberada de orden; la manipulación de motivos clásicos procedentes de la épica, la poesía, la comedia o la historiografía no hace sino exasperar la sensación de extravío y de desconcierto. (A mediados del siglo pasado un profesor de literatura –Ben E. Perry– alarmado por los desgarrones lógicos de la trama, aventuró la hipótesis de un apresurado pastiche con remiendos entresacados de fuentes dispares; poco antes Erich Auerbach se había mostrado, en su *Mimesis*, algo más compasivo al hacer de Apuleyo un precursor de Amiano Marcelino en el modo de representar «una realidad espectralmente distorsionada».)[46] Leer *Las Metamorfosis* es transitar, de la mano de su autor, por una febril sucesión de dioramas hilvanados con una lógica espasmódica a la que, gracias a nuestra familiaridad con Buñuel o Gombrowicz y a una casi automática solidaridad con la víctima, podemos acceder aún hoy sin grandes sobresaltos (con todo, el lector interesado en verificar por sí mismo el singular efecto de unos exquisitos recursos expresivos puestos al servicio de la truculencia puede empezar por el testimonio de Aristómenes, en el libro primero, todo un monumento al *gore* imperial).

El asno va cambiando de manos (bandoleros, mercaderes, esclavos, matronas insaciables, cocineros, legionarios, una frenética cofradía de eunucos...) sin que por ello mejore un ápice su condición o aminoren, al menos, los ultrajes y los atropellos; pese a sus invocaciones a la Fortuna, cada nuevo vaivén lo encadena, más y más, a la circularidad de una noria tan inexorable como la periferia de un mándala tibetano (pero estamos en el Mediterráneo, y los amargos la-

---

46. Ben E. Perry, *The Ancient Romances: A Literary-Historical Account of Their Origins*, University of California Press, Berkeley, 1967, y Eric Auerbach, *Mimesis: Dargestellte Wirklichkeit in der abendländischen Literatur*, Berna, Francke, 1946 [*Mímesis: la representación de la realidad en la literatura occidental*, Fondo de Cultura Económica, México, 1975].

mentos se alternan con incontenibles arranques de melancólica petulancia: en el libro cuarto el asno describe la cueva de los ladrones en precisos términos topográficos que evocan la *Guerra de Yugurta*, un patético guiño al lector para que comprenda que un asno que cita a Salustio no puede ser un asno cualquiera; en el tercero, después de su transformación bestial, se consuela ufanándose del tamaño de su pene: «se abrían ante mí nuevas posibilidades naturales...»).[47] Hacia la conclusión del décimo libro el asno logra escapar de un nuevo y, esta vez, último escenario de pesadilla: una representación pública en honor a Venus que tiene lugar en la arena de Corinto –un epicentro griego de comercio y de lujuria en donde San Pablo hubo de emplearse a fondo– y que prevé, como plato fuerte del programa, la copulación *all' aperto* del cuadrúpedo con una condenada a muerte... «Poco a poco, sin llamar la atención, me fui acercando a la salida más cercana y escapé galopando a toda velocidad»,[48] nos relata un Lucio que había aprendido a elevar el arte de escurrir el bulto a imperativo categórico de su ajetreada existencia.

En el libro undécimo y final sucede lo imposible (tanto así que algunos especialistas lo consideran hoy un piadoso apéndice añadido por Apuleyo, como final feliz, a una narración precedente que le sirvió de modelo). El asno llega a Cencreas, el puer-

47. Apuleyo, *El asno de oro* (Introducción, traducción y notas de Lisardo Rubio Fernández), Editorial Gredos, Madrid, 1978, pág. 105.
48. *Ibid.* p. 320.

to oriental de Corinto al borde del Egeo, se tiende en la arena y se sumerge extenuado en un profundo sueño. Una luna silenciosa y resplandeciente se alza sobre un mar en calma. Lucio intuye la presencia de una deidad cuyo nombre desconoce, pero sabe que su poder puede transformar su vida y le dirige una ferviente plegaria: es el preludio de la exaltada y detallada visión de una diosa que se presenta como «la madre de la inmensa naturaleza, la dueña de todos los elementos..., la suprema divinidad, la primera entre los habitantes del cielo, la encarnación única de dioses y diosas...» y que dice tener múltiples rostros («Minerva Cecropia para los atenienses; Venus Pafia para los isleños de Chipre; Diana Dictymna para los saeteros de Creta; Proserpina Estigia para los sicilianos trilingües; Ceres Actea para la antigua Eleusis; para unos soy Juno, para otros Bellona...»);[49] le recuerda que «las luminosas bóvedas del cielo están a merced de su voluntad» y le hace saber que su nombre es Isis.

En el silencio de la noche y del pozo sin fondo de su asnidad, algo ha cambiado en la vida de Lucio.

Sigue fielmente las indicaciones divinas y recupera al día siguiente –en una procesión ritual en que un sacerdote, aleccionado por un oráculo nocturno, le proporciona una corona de rosas como antídoto– su condición humana. Promete solemnemente iniciarse en el culto de la diosa y cumple, como es debido, con su palabra. Ya en Roma Lucio ingresa en el sacerdo-

49. *Ibid.* p. 325.

cio isíaco y reemprende, aconsejado en sueños por Osiris, su carrera de abogado. La vida sigue, como siempre, pero de otra manera...

La historia de Lucio se desenvuelve en un marco cronológico. El cuento de *Amor y Psique* se inscribe, en cambio, en el reino atemporal del mito; su convivencia en *Las Metamorfosis* ha sido motivo de una curiosidad que ha ido en aumento. Durante siglos, la vocación alegórica de los intérpretes de Apuleyo se centró preponderantemente en la fábula, mientras que las peripecias de Lucio se leían con el deleite de una embrionaria novela picaresca; en cualquier caso parece inevitable suponer que Apuleyo tuviera presente, a la hora de componer su novela, la concepción platónica de un alma inmortal aprisionada en un cuerpo animal.

Imbuida de la creatividad y la generosidad de su hacedor –el Artesano del *Timeo*–, el alma (*psyche*) es, en el mito platónico, un ser inmortal que pierde, en el momento de su encarnación humana, su coordinación con los poderes del universo. Al identificarse con su cuerpo mortal se exilia de su naturaleza originaria, de sí misma y de su innata comunión con todo lo creado, «pierde sus alas», se dice en el *Fedro*. En *El Banquete* Platón nos presenta a un Sócrates que, tras una abrumadora confesión de ignorancia en prácticamente todo, se pronuncia acerca de lo único que dice entender: los misterios del amor y del deseo (*ta erotika*). Diótima, una sacerdotisa, le ha revelado la importancia de *Eros*, un poderoso *daimon* que antecede a la razón dictándole secretamente un curso y un objetivo que ella, por sí misma, no puede alcanzar: recuperar el mundo perdido.

Sócrates se nos muestra como el paradigma del filósofo, como aquél que anhela la sabiduría porque ha experimentado la paralizadora conmoción de no saber nada de lo que verdaderamente importa, el desvalimiento absoluto, la *aporía*; sólo quien, como Sócrates, es capaz de discernir en los apremios del instinto amoroso un irrefrenable anhelo por la belleza –la única presencia activa del mundo perdido capaz de despertar, con su resplandor, el recuerdo de Eros– es capaz de transmutar el rigor y la disciplina intelectuales en una actividad purificadora del alma y de la fuerza motriz que la impulsa.[50] Esta dinámica erótica que enlaza los motivos de la aflicción, el anhelo y la purificación, y que transforma a todos los implicados –el amor, el alma, la percepción de la belleza– en una ascensión hacia la verdad, corre por las venas de la fábula de *Amor y Psique*; generaciones de intérpretes se han dedicado desde entonces a descifrar este cuento aparentemente inofensivo que

50. Mediante el mito de un Sócrates investido con los rasgos de *Eros*, y haciendo uso del lenguaje de los misterios, Platón «supo introducir –nos recuerda Pierre Hadot– la dimensión del Amor, del deseo y de lo irracional, en la vida filosófica» (Pierre Hadot, «La figure de Socrate», *Eranos Jahrbuch*, 43, 1974); puede añadirse que supo complementar, con un evocativo uso de la imaginación mitopoética, las catárticas exigencias intelectuales del Sócrates de los primeros diálogos, sentando la doble pauta de la educación filosófica de su escuela: purificar primero, después despertar.

Apuleyo pudo haber oído en cualquiera de sus viajes y que, transmutado en una memorable filigrana literaria, parece destinado a proteger, como los severos misterios filosóficos de entonces, un contrabando secreto.

Un siglo después de Apuleyo, Plotino destacaba la unión de Eros y Psique como un motivo frecuente en la pintura y la literatura (*Enéadas 6.9.9*). Según este filósofo adoptado por Roma y conocido como el primer «neoplatónico», el alma es distinta de Dios, pero no puede sino amar a aquél de quien proviene, y su amor, su deseo, ha de transformarse necesariamente en adoración. Un Eros que es capaz de restituir al alma a su dignidad originaria y que ya no desea desde el momento en que se une a la creatividad de su fuente, no concuerda con el adquisitivo y eternamente insatisfecho *daimon* de Platón, con el motor de su dialéctica en su anhelo de lo imposible; Plotino, sin embargo, no los separa: aquél es, según una lógica que puede parecernos hoy expeditiva, un corolario de éste. Sólo hay un camino para alcanzar la unión: el de recorrerlo en su totalidad, de principio a fin. No hay atajos.

El Uno de Plotino –el fin último de su camino filosófico, y al que se subordina la belleza de Platón– se pliega a los razonamientos sólo para insinuarse en el persuasivo resplandor de fulgurantes evocaciones, pero elude con la debida majestad cualquier aproximación apresurada que no comparta el grado de implicación *personal* del filósofo con la exasperante paradoja de emplazar osadamente, como principio explicativo y corazón de su sistema, un principio inexplicable: «la visión inunda los ojos de luz, pero no es una luz que muestre objeto alguno: la luz misma es la visión» (6.7.36). Es el alma del buscador quien se muestra, se identifica, se revela ante lo buscado; es su presencia –y no la de lo buscado (que, por definición, no puede mostrarse)– la que testimonia el trecho de camino recorrido. Esta lógica de autorregeneración intelectiva (o «deificación», como se acostumbraba decir entonces) nos permite asimilar gradualmente la duplicidad meramente locativa que atraviesa la jerarquizada arquitectura del cosmos y que justifica el ambiguo comportamiento de los dioses;[51] nos permite asimismo forzar un símil entre dos monumentos de la psicología separados por dos milenios: si para Sigmund Freud Plotino es un iluso que sublima la fuerza elemental de Eros en un espectro, para Plotino Sigmund Freud es un espectro incapaz de sublimar esa fuerza para zafarse de una ilusión elemental (Carl Jung, a quien visitaremos más tarde, concluyó que las únicas variables dignas de confianza en estas espectrales ecuaciones eran Eros y Psique, o sea, el amor y la cambiante subjetividad que a duras penas lo acompaña, y concibió un método –su psicología analítica– para despejarlas). La figura de Plotino es fundamental para

51. «...dice Platón que la diosa Venus posee dos naturalezas, que cada una de ellas personifica un tipo peculiar de amor y que ambas reinan sobre amantes diferentes» observa Apuleyo en su *Apología* (XII), *op. cit.*, pág. 82.

comprender el ingreso de los protagonistas de nuestra fábula, el amor y el alma, en una atmósfera espiritual en que el mundo perdido de los dioses empieza a ceder el paso a la revelación de un plan redentor concebido en el seno de la Unidad divina.[52]

En el siglo V d.C. el mitógrafo Marciano Capella y el gramático Fulgencio abordaron la fábula; el primero con un abstrusa pirotecnia aristotélica que culmina en una decepcionante traca final: Psique es ennoblecida por la filología y recibe de ella los dones divinos; el segundo con una interpretación cristiana –la primera de que tengamos constancia– en la que Venus representa la lujuria, siente envidia de Psique y envía a Eros con el ánimo de destruirla: la contienda de Psique es aquí una lucha contra el pecado, y la acción dramática se resuelve en clave de discurso moral. Boccaccio incorporó la fábula en su enciclopédica genealogía de los dioses paganos (*Genealogía deorum gentilium libri*, 1350-1375); pese a su fervorosa y petrarquiana defensa de la poesía, no se resiste a la tentación de asignar a Psique y sus hermanas los papeles de alma racional, vegetativa y sensitiva, y

52. Plotino pudo haber sustituido a Eros por *Ágape* (un término alternativo que resaltaba la presencia activa de la gracia divina en el alma, liberándola de los egocéntricos apetitos del *daimon* platónico), pero se mantuvo fiel al primero, tal vez –como indica John M. Rist– para distanciarse de aquellos gnósticos y cristianos que exigían la comparecencia de un salvador personal que los sacase de unos apuros que ellos mismos se habían buscado. Vease John M. Rist, *Eros and Psyche: Studies in Plato, Plotinus and Origen*, Toronto, University of Toronto Press, 1964.

a extraer el escolástico mensaje de la superioridad de la razón humana sobre los sentidos (un postulado nada evidente en la historia del marido cornudo, embaucado y conducido por su esposa y el amante de ésta al fondo de un tonel, episodio calcado por Boccaccio, para su *Decamerón*, del libro noveno del Asno).

Un siglo después, y bajo los auspicios de Marsilio Ficino –el primer traductor al latín de todos sus diálogos– Platón se convertía en el último eslabón de una teología primordial que comenzaba con Zoroastro y culminaba y se consumaba en la plena revelación de sus misterios en la figura de Cristo. En Platón y sus epígonos –entre los que incluía, naturalmente, a Apuleyo– reconocía Ficino esa perfecta compenetración de filosofía, religión, poesía y elocuencia al servicio de la interpretación de la verdad, y ese deliberado cultivo de la ironía y la paradoja de quien ha comprendido la disparidad entre los recursos expresivos y el anhelo y la consecución de un objetivo inexpresable. *Dáimones* y dioses se incorporaban a los grados sucesivos de unas progresiones intelectivas, como radios proyectados hacia el centro de irradiación del misterio divino: los *dáimones* más luminosos se identificaban con los ángeles cristianos; los órdenes inferiores, gobernados por los signos zodiacales y vinculados a los planetas, intervenían en los asuntos de la tierra…, pero eran los *movimientos* del alma –impulsados por un amor que traspasaba todos los órdenes de la creación y que confluía, en su más alta expresión, en el Bien– los que determinaban nuestra felicidad en este mundo, un mundo articulado por una cosmovisión neoplatónica y cristiana que había transmutado la dialéctica socrática en una gnosis y que pronunciaba un dios inefable y simultáneamente presente en la totalidad de su creación. Si el Bien podía parecer abstracto e inasible, la belleza, en cambio, apelaba directamente a nuestras capacidades cognoscitivas y apetitivas, y permitía a un universo imantado por un amor que *es* conocimiento, retornar a su fuente inefable asimilándose gradualmente a una jerarquía angélica que *es* la energía divina misma. Cuando la apacible noche toscana envolvía su villa de Careggi, Ficino adivinaba en el estridor de las cigarras la presencia *daimónica* de las almas inmateriales de los filósofos, gobernadas por una milenaria devoción al resplandor de la belleza o, lo que es lo mismo, la incandescencia de la verdad. Bajo el manto protector de Cósimo, Piero y Lorenzo de Médici, la rehabilitación del platonismo y los hermetismos de la antigüedad era la rehabilitación de una sabiduría eterna –una *philosophia perennis*– que había encontrado en Ficino a su agente providencial; era también, a juicio de este médico, astrólogo, músico, sacerdote, filósofo y arquetipo de la melancolía creativa, el único modo de hacer recordar a una Cristiandad intelectual y –por consiguiente– moralmente empobrecida una intensa Edad de Oro en que la piedad, la reflexión filosófica y la imaginación simbólica caminaban cogidas de la mano. La grandiosa fantasía retrospectiva de Ficino le permitió ajustar cuentas con la creciente aridez espiritual de los escolásticos, y su iniciativa fue capital para la difusión y penetración del espíritu de los misterios literarios y filosóficos paganos en el lenguaje visual renacentista: un mismo aire de ensoñación contemplativa anima por igual las mitologías, las natividades y las anunciaciones de los grandes artistas florentinos y las hace vibrar como terapéuticos talismanes mágicos.

Nuestra fábula gozará en el Renacimiento de una popularidad tal que vuelve superfluo cualquier resumen; baste recordar que una colección de variaciones de la fuente literaria se esparce, difundiendo una idealizada visión de la antigüedad, por la geografía italiana y europea, invadiendo lienzos, grabados, bandejas, arcones nupciales, vidrieras... Rafael, Giulio Romano y Perin del Vaga ejecutan, en las residencias suburbanas de príncipes, potentados y pontífices unos suntuosos ciclos decorativos que recrean el sugerente esteticismo y la habilidades descriptivas de Apuleyo; como en todo lo que rodea a nuestro escritor, hay gustos para todo: interpretaciones astrológicas y neoplatónicas contrastan con la apreciación más circunspecta de que nos encontramos ante unos deslumbradores ejercicios narrativos destinados a complacer a unos grandes señores más interesados en gozar de este mundo que en explorar sus virtualidades metafóricas.[53] Si el Alto Renaci-

53. En una recia y expansiva Corona de Castilla que no toleraba excesos, ni por arriba, ni por abajo, Diego López de Cortegana, arcediano de Sevilla, tuvo que recurrir a la vieja práctica de la obliacuidad forzosa para poder publicar su *Asno* en

miento encontró en el motivo del festejo nupcial de Eros y Psique un pretexto idóneo para ilustrar sus epitalamios, el Manierismo se volcó en las posibilidades que ofrecía el encuentro de los amantes en la alcoba para adentrarse en un refinado e introspectivo erotismo. Ilustrada, una y otra vez, por los artistas alemanes y flamencos convocados en Praga por el legendario y saturnino Rodolfo II, la iconografía de la fábula se renueva, cargándose de atrevidos y sutiles matices psicológicos. En una corte enamorada de las significaciones ocultas –nos recuerda Sonia Cavicchioli– y regida por el precepto horaciano de «instruir deleitando» (*delectando docere*), resulta del todo punto imposible –ni tan siquiera conveniente– intentar separar, en estas herméticas composiciones, la interpretación alegórica de la fábula de la predilección por las imágenes eróticas o del obsesivo interés por el romance de sus protagonistas.[54]

1525. En su introducción, el canónigo se escuda –anticipándose ágilmente al expurgador del Índice– en un anónimo acusador que, sólo tras una piadosa reflexión, acaba convenciéndose de la conveniencia de verter la obra al castellano y concede: «Porque no se puede dudar sino que todos traemos a cuestas un asno e no de oro, mas de piedra –y aun lo que peor es– de lodo. Del cual ninguno se puede despojar, sino gustadas las rosas de razón y prudencia... E assi menospreciando los tales engaños del mundo podamos ir a la vida que dura para siempre. Amén.» Una encantadora y muy española lección de cómo portarse bien; una concisa muestra, asimismo, de nuestro particular sentido de la ambigüedad: errar –o simular errar– el tiro para dar, simultáneamente, en el clavo.

54. Sonia Cavicchioli, *Le metamorfosi di Psiche. L'iconografia della favola di Apuleio*, Marsilio Editori, Venecia, 2002.

A mediados del XVII Psique se vuelve reflexiva y solitaria. Claude Lorrain nos la muestra –tal vez ya abandonada por Eros, tal vez ignorante aún de su existencia– en un elegíaco paisaje teñido por la melancolía del crepúsculo, con una misteriosa mansión que se yergue al fondo, entre las susurrantes sombras de los árboles y un mar en calma (el cuadro se conoce como *El castillo encantado*). Probablemente no sabremos nunca si la aflicción de Psique es aquí una meditación sobre la fugacidad, el dolor y la decepción de los amores posibles (un eco de la tormentosa vida sentimental de Lorenzo Onofrio Colonna, el benefactor de Lorrain), o el preámbulo de una resurrección al amor imposible, inspirada por una compartida devoción a Ovidio, Virgilio y Apuleyo: una devoción que, con el ocaso de los grandes mecenazgos y de las grandes narrativas visuales de las pasiones del alma, empieza a ser romántica.

En 1795 se publicaba en Londres una traducción de la fábula en solitario, con su interpretación alegórica, a cargo del gran aguafiestas y azote de los ilustrados, el inquebrantable Thomas Taylor. Anónimo auxiliar administrativo de día, solitario y prolífico transmisor e intérprete de los misterios paganos de noche, Taylor distingue, en su introducción, a Apuleyo entre los filósofos platónicos de su tiempo; confiesa en ella, con una resignada virulencia que preludia las invectivas de un René Guénon, no esperar comprensión de un público prejuiciado y deformado por «las declamaciones de los matones literarios y los críticos, de un lado, y, las fraudulentas arengas de

los clérigos sofistas, de otro».[55] Como cabía esperar,
la publicación en 1805 de su traducción al inglés de las
obras completas de Platón, es recibida con hostilidad
(nos encontramos, además, en un pragmático Imperio
hipnotizado, desde John Locke, por una teoría del
conocimiento que admite un único mito –el del conocimiento «objetivo»– y relega *los otros* al jardín de
infancia de la humanidad); sin embargo, unos pocos la
acogen con entusiasmo y agradecimiento: Keats,
Shelley, Coleridge, Wordsworth, y un volcánico y
profético William Blake que condensó, en un solo
verso, miles de páginas y de noches insomnes: «When
Thought is clos'd in Caves Then love shall shew its
root in deepest Hell.»[56]

55. Kathleen Raine & George Mills Harper, *Thomas Taylor
the Platonist*, Bollingen Series LXXXVIII, Princeton University
Press, 1969, pág. 429.

56. «Cuando el pensamiento yace sepultado en cavernas,
mostrará el amor su raíz desde el más profundo de los infiernos»,
The Four Zoas, 1797. Cuatro versos adicionales, procedentes de
The Visions of the Daughters of Albion, 1793, pueden acercarnos
a lo que Blake pretende evocar con la palabra «pensamiento»:
«*Ask the blind worm the secrets of the grave, and why her spi-
res/ Love to curl round the bones of death; and ask the rav'nous
snake/Where she gets poison, and the wing'd eagle why he loves
the sun;/And then tell me the thoughts of man, that have been
hid of old.*» (Preguntadle al ciego gusano los secretos del sepul-
cro, por la pasión con que sus anillos oprimen los huesos de la
muerte; y preguntad a la voraz serpiente de dónde extrae su
veneno, y al águila alada por qué ama al sol; y decidme después
los pensamientos del hombre, hace tiempo ocultos). Geoffrey
Keynes, *The Complete Writings of William Blake with all the
variant readings*. Nonesuch Press, London & Random House
Ind., Nueva York 1957, pág. 311 y 191.

Con el advenimiento del nuevo siglo y de su aséptica y disciplinada erudición, Apuleyo pasa a las manos de los especialistas y se somete al escrutinio de la historia (la publicación en Leipzig de la *Apuleii Opera Omnia*, en 1842, contiene aún la correspondiente interpretación platónica de la fábula). Reitzenstein, Merkelbach, Kerényi incorporaron, ya en el siglo XX, nuevas aportaciones de la mitología y las religiones comparadas (algunas de ellas, como la de una Psique que fue originalmente una diosa irania –la hipótesis de Reitzenstein–, hoy descartadas), mientras destacaban la importancia de los elementos rituales de la fábula y la emplazaban en la atmósfera egipcia del mito Isíaco (para Merkelbach *Las Metamorfosis* son, en su totalidad, una transcripción literaria del culto mistérico de la diosa).[57]

Gradualmente se fueron resaltando los evidentes paralelismos entre el cuento de *Psique* y la historia de Lucio; Carl Schlam los ha resumido, en un panorámico y sugerente trabajo, en tres, que son esenciales para comprender el conjunto: el papel que juega la curiosidad (*curiositas*) a la hora de precipitar la caída de ambos (Lucio se entromete cándidamente en la práctica de la magia; una pueril Psique preten-

57. Véase Richard Reitzenstein, «Das Märchen von Amor und Psyche bei Apuleius» y Reinhold Merkelbach, «*Eros und Psyche*», ambos en G. Binder & R. Merkelbach, *Amor und Psyche*, Wege der Forschung, bd 126, Wissenschaftliche Buchgesallschaft, Darmstadt, 1968, y Karl Kerényi, *Die griechisch-orientalische Romanliteratur in religionsgeschichtlischer Beleuchtung*, J. C. B. Mohr, Tübings, 1927.

de sorprender a su desconocido amante a la luz de una vela); los infortunios y duras pruebas que jalonan sus respectivos exilios (Psique desciende a los Infiernos; Lucio –una conciencia sobre cuatro pezuñas– es el Infierno); la redención que, ya por la intervención de Eros, ya por la gracia de Isis, les asiste y transforma finalmente sus vidas.[58]

Con la intuición fundacional, que debemos a Freud y Jung, de que nuestros mitos piensan del mismo modo en que soñamos, el psicoanálisis decidió adentrarse en la fábula como si se tratara de un sueño, o un mito, que pueda revelar las dimensiones inconscientes no sólo de su autor, sino de la vida espiritual de su época. El peso de la teoría libidinal dentro del pensamiento freudiano inclinó las interpretaciones de su escuela (Hoevels, Riklin, Bettelheim) hacia las ansiedades sexuales de la mujer, que alcanzan su punto culminante en la secuencia de Eros como amante monstruoso (un motivo universal que reaparece, por ejemplo, en el cuento de *La Bella y la Bestia*).[59]

En su estudio *Amor and Psyche* (New York 1956), Erich Neumann sentó las bases canónicas de la inter-

58. Carl C. Schlam, *The Metamorphosis of Apuleius*, University of North Carolina Press, Chapel Hill & Londres, 1992.

59. Franz Riklin, «Wishfulfillment and Symbolism in Fairy Tales», *Nervous & Mental Diseases Monograph*, 1915, num 21. Bruno Bettelheim, *The Uses of Enchantment: The Meaning and Importance of Fairy Tales*, Knopf, New York. 1977, y Fritz Erik Hoevels, *Märchen und Magie in den Metamorphosen des Apuleius von Madaura*, Rodopi, Amsterdam, 1979.

pretación junguiana de este mito erótico como figuración del desarrollo psíquico de la feminidad.[60] Psique y Amor viven enlazados en un anónimo e indiferenciado paraíso original, regentado por una Venus que es el arquetipo de una Naturaleza absorta en la inercia de su fertilidad: la *Magna Mater* del inconsciente colectivo. El vínculo primordial se rompe en el preciso instante en que Psique vislumbra la identidad de Amor a la incipiente luz de la consciencia, y habrá de recomponerse en sucesivos encuentros que simbolizan los estadios de un proceso de asimilación de lo inconsciente e integración de la personalidad que Jung denominó «individuación».[61]

Las envidiosas hermanas son aquí un inhibidor estrato matriarcal de Psique, pero contribuyen a su desarrollo al obligarla a confrontar a su amante, impulsándola a una progresiva diferenciación de la consciencia y un acceso gradual a la libertad de autodeterminación. (La consciencia es, para Neumann, un

60. Bollingen Foundation Inc., Princeton University Press, Nueva Jersey, 1956.

61. Pese a sus enérgicas y repetidas adhesiones a la filosofía crítica de Kant y a un estricto empirismo científico, muchos comentaristas han adivinado en la teoría psicodinámica de Jung su personal asimilación de la huella de Plotino y de su metafísica. Véase, por ejemplo, James Hillman, *Loose Ends*, Spring Publications, Dallas, 1975; Wolfgang Giegerich, *The Soul s Logical Life*, Peter Lang, Frankfurt am Main, 1999; Philip Merlan, *Monopsychisn, Mysticism, Metaconsciouness-: Problems of the Soul in the Neoaristotelian and Neoplatonic Tradition*, Martinus Nijhoff, La Haya, 1969. Su afinidad con el lenguaje simbólico de platónicos, gnósticos y autores herméticos, salta a la vista en el índice temático de su obra completa.

rasgo masculino, y el feminismo junguiano no tardaría en alzar su voz en la siguiente generación.)

Marie Louise von Franz consideró ilegítimo desvincular la fábula de la novela; su fidelidad al conjunto le permitió tratar la historia de Psique,[62] como un sueño arquetípico que ilustra el encuentro de Lucio –o, si se prefiere, de Apuleyo mismo– con lo divino: el momento decisivo de toda iniciación religiosa. El dualismo formal de la novela –la yuxtaposición de lo cómico y lo espiritual– refleja, según von Franz, la escisión psicológica personal de Lucio-Apuleyo; el hilo narrativo es el recuento de la reunificación de estos polos en conflicto, un recuento que tiene su reflejo en la fábula. Psique y Eros son *dáimones*, intermediarios entre lo humano y lo sobrehumano, y von Franz nos remite al tratado demonológico de Apuleyo para recordarnos que, a diferencia de los dioses, los *dáimones* experimentan la influencia de los mortales (una afirmación estimulante –o peligrosa, según se interprete– que anima la creciente confusión entre la consulta del terapeuta y el consultorio del adivino). En cuanto que *dáimones* capaces de emoción y entendimiento, Amor y Psique son polivalentes: como genio del amor o como prefiguración del *Sí-mismo*, Amor impulsa a Psique hacia la individuación; como arquetipo del eterno adolescente (*puer aeternus*) puede enredarla en románticas o megalómanas fantasías que la eximan de afrontar la

62. *A Psychological Interpretation of the Golden Ass of Apuleius*, Spring Publications, Nueva York, 1970.

faena de vivir *su* vida; como alma capaz de un sinfín de metamorfosis Psique puede responder a la solicitud de su amante y transformarse en una relación llena de descubrimientos, sobresaltos y desengaños, y puede también permanecer en la crisálida: estancarse en el cinismo o en la dócil y resignada auto conmiseración de «ser diferente». Se puede discrepar de la conclusión de von Franz, para quien la deificación olímpica de Psique supone un retroceso a lo inconsciente, una recaída del alma que habrá de subsanarse sólo con la incorporación final de Lucio a los cultos isíacos; la lectura de su estudio es, en cualquier caso, indispensable para familiarizarse con las directrices de la psicología junguiana.

En 1972 aparecía *The Myth of Analysis*,[62] de James Hillman, un texto impetuoso y renovador que liberaba la metáfora erótica de la fábula de su confinamiento en la consulta psicoanalítica, esto es, de su identificación exclusiva con la psicología colectiva femenina (la Psyche de Neumann) o con la psicodinámica personal del varón (el psicoanalizado Lucio-Apuleyo de Von Franz). Amor y Psique jalonan, con sus encuentros y desencuentros un genérico y universal camino iniciático que conduce a la creatividad psicológica (*soul-making*, «hacer alma»), una iniciación que no se limita a reforzar, sino a transformar, la estructura de la consciencia y que no persigue otro

63. James Hillman, *The Myth of Analysis: Three Essays in Archetypal Psychology*, Northwestern University Press, Evanston, 1972 [*El mito del análisis, tres ensayos de psicología arquetípica*, Ediciones Siruela, Madrid, 2000].

fin que su propia consecución. La empresa psicoanalítica en su conjunto se reinterpreta –o mejor, se rei-
magina– como un mito, nuestro mito actual: activo,
poderoso, persuasivo como todos los mitos, vigente
aún en virtud de su privilegiado papel de conducir al
alma hacia su auto reconocimiento, hacia la recuperación de sus alas. (El lector atento se habrá percata-
do que el «mito» junguiano empieza, de hecho, allí
donde culmina el drama platónico: en el punto más
bajo de la caída del alma, en la inconsciencia. «Desde
que las estrellas han caído del cielo y nuestros símbolos más altos han empalidecido, una vida secreta
reina en el inconsciente. Por eso –recalcaba Jung–
tenemos hoy una psicología.»[64]). Hillman refiere la
propedéutica y socrática inclinación de Jung a alter-
nar toda suerte de máscaras –la del astrólogo, el
alquimista, el científico, el pastor dominical, el ufó-
logo, incluso la del psicólogo y analista– para despertar la inquietud de sus lectores y reavivar en ellos,
aguijoneándolos con el anhelo de lo inalcanzable, la
escurridiza noción de «alma».

Sorprende, por último, que, entre tantos intérpretes del Norte, le corresponda a un caribeño, el cuba-
no Rafael López-Pedraza, la iniciativa de abordar el
cuento de Psique desde la perspectiva de la depre-
sión. Su obra[65] –que interpreta la fábula como un
complot inconsciente, un asalto emocional, contra el
titánico imperialismo del *ego*– es un trabajo repleto

64. Carl Gustav Jung, *Collected Works, vol. 9/1,* Routledge
& Kegan Paul, London, 1959, pág. 23.
65. *De Eros y Psique*, Festina Lente, Caracas, 2003.

de sagaces observaciones propias de un venerable zorro de la escuela junguiana; una escuela con un público variopinto y creciente, y un también creciente, y menos variopinto, colectivo de detractores para quienes los *dáimones* no proceden o –cuando proceden– se reclutan para la causa.

Desde sus comienzos, la crítica textual ha reprochado a las lecturas alegórica y psicológica el descuidar, o directamente ignorar, el contexto filológico de *Las Metamorfosis.* Exceptuando algunos trabajos –como el de Nancy Shumate,[66] en que se exploran, a la luz de la psicología de William James, paralelismos y motivos comunes de conversión religiosa en Apuleyo, San Agustín, Dante y Tolstoy– las últimas publicaciones se han concentrado en los aspectos literarios de la novela con el clínico propósito de aislar al autor de toda interferencia especulativa ajena a su medio ambiente cultural e intelectual. Gerald Sandy[67] y S. J. Harrison[68] brindan la ocasión de acompañarlos en un certero y exhaustivo recorrido por el universo de la segunda sofística, con sus préstamos literarios, sus codificados cánones estilísticos, su catálogo de lugares comunes y estereotipados contrastes, su mecánico recurso a paradigmas y tipos recurrentes de autoridad moral..., pero la cautela y los rigores del método se cobran su precio: la precisión

---

66. Nancy Shumate, *Crisis and Conversión in Apuleius' Metamorphoses,* University of Michigan Press, Michigan, 1996.
67. Gerald Sandy, *The Greek World of Apuleius,* Leiden, 1997.
68. S. J. Harrison, *Apuleiu: A Latin Sophist,* Oxford University Press, Oxford, 2000.

de la lente ahuyenta al *daimon* de este compilador de *dáimones* con quien San Agustín midió sus fuerzas en los libros octavo y noveno de su *Civitas Dei*, y el obispo seguramente hubiese depuesto la pluma de saber que se estaba enfrentando a los retazos de un sofisticado pastiche literario. El profesor Harrison es, por su parte, concluyente: «la conciencia que el texto [*Las Metamorfosis*] tiene de sí mismo como género novelístico impide la implantación de un propósito ideológico o didáctico».[69] La persistencia de elementos cómicos en el libro undécimo excluye, a su juicio, la posibilidad de una conversión sincera y «nos empujan con fuerza a una interpretación paródica y satírica».[70] El afán de Apuleyo de proclamarse y querer ser recordado como *Philosophus Platonicus* no obedece, por tanto, sino a una estrategia de autopromoción y de captación de audiencia, un alarde de familiaridad con una filosofía que estaba entonces de moda. Harrison no es el primero: ya el desconcertado y anteriormente aludido Ben E. Perry, patriarca de esta línea crítica, se había mostrado, desde el principio, más contundente aún, apodando al escritor «Apuleius the showman», un cordial y campechano apelativo que puso fin a sus académicos desvelos y que tiene la retórica virtud de amoldarse como un guante a todos aquellos momentos en que la divulgación filosófica tiene que escoger entre el *show* o la muerte lenta por asfixia.

69. S. J. Harrison, *op. cit.*,. pág. 259.
70. *Ibid.* pág. 238.

IV

En un texto que se proponía encontrar la salida de un callejón sin salida y reescribir las reglas que han dictado la fortuna crítica de Apuleyo, J. J. Winkler[71] afrontaba resueltamente el hecho irrebatible de una ausencia: la de un esquema totalizador que pueda dar cuenta de los elementos contradictorios de *Las Metamorfosis*. Apuleyo, propone Winkler, ha puesto en nuestras manos una caja de herramientas para que seamos nosotros quienes ensamblemos su polisémica novela: una novela que exige la intervención del lector, su participación activa en el juego hermenéutico, para la emergencia de cualquier significado. Por medio de esta hábil maniobra postmoderna la pelota viene a posarse en nuestro tejado: la interpretación –la nuestra– lo es todo. Pese a una invitación que parece dar rienda suelta a nuestro albedrío, seguimos añorando un manual de instrucciones que acompañe a la caja de herramientas porque hasta el lector más ingenuo sabe hoy que su subjetividad se mueve en una encrucijada con dos flechas contrarias: tener que escoger entre el mito –y su irrefrenable, casi simultánea, transposición alegórica a un significado de aplicación y validez atemporales– o la historia, o sea, cumplir con las reglas de la crítica histórica y filológica y resignarse a una eterna suspensión del juicio; flotar,

71. J. J. Winkler, *Auctor and Actor: A Narratological Reading of Apuleius's The Golden Ass*, University of California Press, Berkeley, 1985)

como un globo aerostático, en un incólume limbo, o dar vueltas, como Lucio, con la noria, en espera de que algún día, al final de la historia, una congregación de sabios nos anuncie en una rueda de prensa dónde está el centro geométrico del mándala o –ya que estamos en el Mediterráneo– el cubo de la rueda de la Fortuna.

Puede que Apuleyo encontrase estimulante lo que para nosotros es una condena a la irresolución, a vivir con ese mojigato temor de que la vida espiritual de la tribu humana no sea más que una tomadura de pelo. Emplazó su mito –todavía hoy se sigue discutiendo el género de la fábula: mito, leyenda, cuento popular o mera ficción literaria– en el centro de su novela (y sabemos de la importancia de la numeración en las obras de los autores clásicos: en su introducción a la fábula, Kenney subraya la anomalía literaria que supone la elección de once libros y nos refiere a explicaciones platónico-pitagóricas),[72] y lo dotó de una prolijidad narrativa y una extensión que no admite comparación con otros episodios que la acompañan en el texto. Se aseguró, por último, en una desconcertante maniobra, de deshacerse de todo nexo causal, eliminando el vehículo transmisor de la fábula: la anciana encargada de relatarla aparece, poco después de hacerlo, «con una soga al cuello, colgada a cierta rama de un alto ciprés».[73]

72. Apuleius, *Cupid & Psique*, ed. E. J. Kenney, Cambridge University Press, Cambridge, 1990, pág. 3.

73. Apuleyo. *El Asno de Oro*, Editorial Gredos, Madrid, 1978, pág. 193.

Es evidente que en el mundo de Lucio las «grandes narrativas» se reciben también con postmoderna hostilidad, y si el mágico ensalmo del mito se derrama, como una presencia latente, por el accidentado tejido de la novela no se lo debemos, desde luego, a los modales de un mundo sublunar gobernado con mano de hierro por la Fortuna. De hecho, el asno oye la fábula, pero es como si no la oyera: es incapaz de apercibirse de que las penalidades de Psique son las suyas, que una idéntica y desorientada curiosidad les obliga a pasar por las pruebas decretadas por una misma diosa cruel: la celosa Venus de la fábula y la ciega Fortuna de la novela. La noria de infortunios habrá de seguir girando hasta que, en el libro undécimo, la pesadilla se disuelva en un acorde redentor y la tiránica dama ceda el paso a un poder superior que pone fin a las metamorfosis: la Venus celestial (*Venus caelestis*) que acoge a Eros y Psique es la Fortuna clarividente (*Fortuna videns*) que se muestra –a un Lucio que va a recuperar su condición humana– bajo el rostro providencial de Isis. (Todos conocían en aquel entonces a Isis como la diosa que, valiéndose de sus habilidades mágicas, había sido capaz de reconstruir el desmembrado cuerpo de Osiris; sólo unos pocos sabían que quien era capaz de reunificar los fragmentos, esparcidos por el cosmos, del dios del inframundo y de la resurrección, poseía también el poder de desenredar la madeja del destino: Apuleyo, un iniciado en los misterios de la diosa, bien pudo ser uno de ellos.)

La fábula no es –ni puede serlo– un abstracto esquema totalizador suspendido sobre la novela (como sabemos, sólo la anciana que nos la transmitió cuelga suspendida de un árbol), no es una innecesaria duplicación alegórica de ésta, no es tampoco una «gran narrativa» que resuelva el orden fragmentario de *Las Metamorfosis*; una y otra se solicitan con esa magnética atracción que enlaza a los opuestos que no han de tocarse: sin la fábula la historia del asno es una novela picaresca con un final estrambótico; sin los pedestres desalientos de Lucio la fábula es un precioso, pero ingrávido, emblema.

Algunos especialistas –Harrison, como hemos visto, es uno de ellos– niegan la sinceridad de la conversión de un Lucio que persiste, tras la recuperación de su condición original, en una actitud paródica impropia del iniciado, y que se permite incluso cuestionar la buena fe del sacerdote de la diosa al conocer las exigencias económicas de éste... Es impropio de un crítico tan escrupuloso recurrir al argumento *ad hominem* para cuestionar las prestaciones salvíficas de una diosa que no comparte sus criterios de lo milagroso: puede que el profesor no le perdone a Isis no haber convertido al asno –directamente, sin pasar por la recuperación de su humanidad– en un santo. Exceptuando a los minoritarios seguidores del apóstol judío que había predicado en la Corinto de Lucio, para el ciudadano ilustrado contemporáneo de Apuleyo el irresistible magnetismo de los anhelos imposibles sólo se consumaba en presencia de los dioses, muy lejos del mundo sublunar; pero el regocijo de éstos durante las nupcias de esta pareja de *dáimones* puede estar sugiriéndonos

que también los inmortales, por lo común tan desde-
ñosos, sean parte interesada en la resolución de este
misterio erótico: Vulcano, por ejemplo, cambia de
buen grado el fuego de la fragua por el de la cocina.
Los trabajos de John Dillon[74] y de Stephen Gersh[75]
han precisado los contornos de Apuleyo dentro de
la corriente filosófica que hoy se conoce como Platonismo Medio, una prolongada fase de transición
entre el escepticismo de la Academia y la revolucio-
naria proeza metafísica de Plotino, el primer «neoplatónico» y referente milenario de los intérpretes
de la fábula. El Dios de aquellos filósofos era incomunicable:[76] absuelto de las restrictivas leyes de su
creación, se manifestaba, empero, en ella, como la
actividad que descendía, a lo largo de una *daimónica*
escalera de intermediarios, hasta el mundo sublu-

74. John Dillon, *The Middle Platonists*, Cornell University
Press, Ithaca, 1977.
75. Stephen Gersh, *Middle Platonism and Neoplatonism: The
Latin Tradition*, vol. I, University of Notre Dame Press,
Indiana, 1986.
76. En el *De Platone et eius dogmate* («Sobre Platón y su
doctrina»), un resumen de ideas platónicas de discutida autenti-
cidad, Apuleyo parafrasea a Platón: «Descubrir al hacedor y
padre de este universo es difícil, pero, una vez descubierto,
comunicárselo a todos es imposible» (*Timeo* 28C). La transcen-
dencia del principio supremo se vincula aquí –como en la casi
totalidad de los filósofos del Platonismo Medio– a las limitacio-
nes de la condición humana para conocerlo, y no a la exigencias
radicales de una teología negativa llevada, como en Plotino,
hasta sus últimas consecuencias (y que habría de pasar, por
medio de Proclo y Pseudo-Dionisio, y con sus debidas altera-
ciones, a la tradición cristiana).

nar... Fue el imaginativo y quijotesco deseo de intentar sistematizar la circulación de esa actividad lo que impulsó a Apuleyo a redactar su tratado daimonológico, su *De deo Socratis*, en el que el alma humana (*psyche*) –encarnada en un cuerpo– y el amor (*Eros*) –desencarnado y libre para importunar a una res o alertar a un filósofo– forman parte de una complicada estructura que conduce hacia los dioses, hacia las perfecciones formales contenidas en la suprema mente divina. Un Chesterton pletórico de tomismo decía que los hombres que han dejado de creer en Dios son capaces de creer cualquier cosa; es evidente que, en su papel de *daimonólogo*, Apuleyo hubo de atenerse a la ingrata y deslucida tarea de recorrer el camino inverso: rastrear y catalogar todos y cada uno de los reflejos de su presencia para evitar groseros equívocos y creer que cualquier cosa pueda ser Dios.

En una contribución sobre los *dáimones* helenísticos y su ambivalente recepción por los Padres de la Iglesia se registra esta consoladora observación: «el hecho de que [Clemente de Alejandría, casi contemporáneo de Apuleyo] *no* resulte inteligible en su expresión de los *dáimones* griegos simplemente demuestra que está intentando de verdad entender la materia...».[77] Nunca sabremos si, en sus floridas compilaciones cosmológicas, Apuleyo logró «entender la materia»; no estamos, en cualquier caso, obli-

---

77. Lars Albinus, «Greek Demons and the Ambivalence of Clemens Alexandrinus», *Temenos. Studies in Comparative Religion*, 31, Helsinki, 1955.

gados a repasar sus credenciales filosóficas para saber que le bastaron sus conocimientos literarios de Platón, y sus aptitudes para la prestidigitación verbal, para elaborar un símbolo que presenta una psicología, una filosofía y una enseñanza socrática como un misterio de la inteligencia al alcance de cualquiera que quiera involucrarse en la lectura de un cuento. No deja de ser una paradoja que fuera un *showman* de la cultura clásica, un sofista dedicado a transmitir y compendiar todos los estereotipos del pasado, quien nos ofreciera, en una diestra y sugerente fabulación, el testimonio más elocuente de un convencimiento que compartieron los miembros de la escuela platónica hasta su extinción oficial: que el único propósito de su desmesurado programa de disciplinas intelectuales era el de reconducir el anhelo del alma, a través de un proceso purificatorio, hacia su paraíso perdido. En ausencia de *Eros*, cualquier destreza intelectual se revelaba inoperante para un alma ofuscada en las sombras de su privación, en la inconsciencia de su ignorancia esencial, en su *aporía*. Como intérprete de los misterios filosóficos de su época, Apuleyo debió saber –como *showman*, sin duda sospechar– que los rigores de la inteligencia son una turbadora disciplina emocional que exige del alma la prueba de pasar por el infierno de tener que afrontar, una y otra vez, el desvalimiento, la alienación y la humillante y paralizadora inseguridad de no saber nada. Acuciados por la concisión y la dificultad de hacernos «entender su materia», los manuales de filosofía nos presentan a aquellos filósofos como una plúmbea falange intelectual capaz de catapultarse, de un salto, a un intimidatorio empíreo de sillas, mesas y poliedros impecables; le debemos a Apuleyo la posibilidad de recorrer un universo mental que conocía –mucho antes que nuestro psicoanálisis los catalogara en el consultorio– los imperativos o *dáimones* que asediaban, hostigaban y alentaban la inteligencia en su deseo instintivo de recuperar unos privilegios cuyo recuerdo sólo *Eros*, el más poderoso de los *dáimones*, podía despertar. Las familiares licencias poéticas que, en el final feliz de la fábula, se permite Apuleyo con un Olimpo acostumbrado a un intenso tráfico y siempre dispuesto a festejar a la pareja de amantes, nos permiten suponer que no hay un final –como tampoco un comienzo– literal de la historia. Que la hija de Amor y Psique se llame *Voluptas* (gozo, voluptuosidad) nos permite igualmente conjeturar que estamos lejos de ascéticas y literales renuncias a la sensualidad, y más cerca del fruto de una intensa pasión amorosa que ha aprendido, tras duras pruebas, a cualificar sus ímpetus y más proclive a aceptar, por ello, las contradicciones entre los amores terrenales y los celestiales que a excluirlas o condenarlas en una flagrante omisión de su reciprocidad.[78]

Tal vez el alejamiento de las cosas mundanas de aquellos iniciados en los misterios filosóficos no era,

78. Schlam destaca la pacífica coexistencia de interpretaciones sensuales y espirituales en las figuraciones helenísticas y romanas de Amor y Psique, cuyo matrimonio aludía indistintamente a la extática comunión y transformación vital de un misterio bá-

después de todo, una «negación del mundo» sino el modo de mostrar su lealtad al instinto de una tierra que busca refugio en el alma humana, asediándola si es preciso, para aproximarse –en un alarde de suprema creatividad erótica– a su raíz invisible. Tal vez aquellos mundanos rétores itinerantes, con sus carruajes y sus comitivas de acémilas y esclavos y su afán de riqueza y celebridad, no hacían sino obedecer, con el orgullo de viejas estrellas, la compulsión de declamar un trasnochado repertorio en el que relumbraban, en fugaces momentos de inspiración, esos acordes imborrables brotados –nadie sabe cómo ni cuando– de un silencio oculto que circula por nuestra sangre y que sabe cómo alborotarla con vagos e inexplicables estremecimientos (¿en qué pensaba Marrou cuando comparaba las improvisaciones mnemónicas de un sofista del imperio con las de un solista de *jazz*?)...[79]

Cualquier intento de buscar homologías entre nuestro mundo y el de Apuleyo es, no nos engañemos, un abuso retórico, pero no es fácil sustraerse a la tentación. Nuestro emperador ya no pellizca uvas de una fuente de plata, como los antojadizos Nerones de Hollywood: se ha vuelto hogareño y de-

quico-dionisiaco o a la unión mística en el más allá de Dioniso y Ariadna, motivo éste de amplia difusión en el arte funerario. Véase Carl C. Schlam, *Cupid and Psyche: Apuleius and the Monuments*, The American Philological Association, University Park, Pennsylvania, 1976.

79. Henri-Irénée Marrou, *Histoire de l'éducation dans l'Antiquité*, Éditions du Seuil, Paris, 1948 [*Historia de la educación en la antigüedad*. Akal, Madrid, 1985].

portista, pero sigue sonriéndonos, como un viejo tahúr, desde la tribuna del circo, sabiendo que sabemos que, en el fondo, sigue sin saber gran cosa. Nuestro universo se ha expandido mucho más allá de la esfera de las estrellas fijas y el mediático dios supremo de la mercadotecnia le acompaña en su expansión por el ciberespacio, sembrando a su paso sus galácticos e isotrópicos supermercados administrados por las finanzas imperiales. En los anaqueles de nuestras academias, bibliotecas y museos se almacena, en una medida que no admite comparación con la de cualquier otro Imperio, un arsenal exhaustiva y pacientemente contrastado de todas las imágenes, constelaciones y dramaturgias del saber que brillaron, como astrales teatros de la memoria, en la noche del tiempo; pero seguimos sin saber del todo por qué hemos sacrificado bueyes, poblado la tierra de criaturas fantásticas o adorado cielos y teoremas, y –menos aún– por qué los filósofos desperdiciaban su talento tratando de destilar esos incómodos misterios en los recovecos de la inteligencia. Como la de entonces, nuestra espiritualidad quiere ser ilustrada, ecléctica, ecuménica, incluso esotérica, pero evita las preguntas engorrosas; como la de todo Imperio centralizado en una estadística noción de bienestar, se ha vuelto utilitaria y desenfadada; los *dáimones* comparecen en instantáneos y solícitos *zappings* y la iluminación es fácil: todos podemos iniciarnos, todos podemos ser, en un abrir y cerrar de ojos, budistas, sufíes, taoístas o chamanes, o alborotar, con el *pin* de un santo en la solapa, en la plaza de San Pedro; todo

–hasta reírnos de ello– está en la carta de las buenas intenciones: un rápido chute y sentirse «bien» –o menos «mal»– en el anestésico monismo de una nada siempre dispuesta a acogernos cuando ya no somos nadie. De aquellos altivos y crípticos intérpretes de las cosas divinas que hoy nos parecen desfasados, con su lóbrego «dualismo» y su enrevesado cargamento de silogismos, tipologías, metáforas y dioses, sólo nos separan dos pasos: saber que no sabemos absolutamente nada de lo que individuos tan inteligentes como nosotros llamaban entonces *saber*; y afrontar el indómito deseo de averiguar, con ese no saber nada, algo que verdaderamente podamos *querer* saber, algo tan significativo para nuestra orientación personal en este mundo que parezca venido de otro, del mundo perdido.

Sofista o intérprete de las cosas divinas, hay que reconocerle a Apuleyo una singular puntería: la de dar en el blanco de una privación quintaesencial y hacer gravitar una historia de amor que habla de la inmortalidad del alma sobre la dura pelambre de un cuadrúpedo que ha de pasar por el infierno para hacerse de oro, para ser un *Asinus Aureus*. Ahora que el paraíso, el mundo perdido, es una postal con una palmera y una piña colada, puede ser un buen momento para ceder, como Lucio, a la curiosidad por la magia y meditar pausadamente un mágico artificio en el que muchos han adivinado, en un abrir y cerrar de ojos repetido durante siglos, un sinuoso y subversivo contrabando: el de una doncella abandonada que espera, ensimismada en la silenciosa complicidad de un mundo expectante, el rescate de un amor imposible.

Bajo la contradicción entre un mensaje «serio» y una puesta en escena «cómica» late la sospecha de una duplicidad aparentemente más irreconciliable, más «esotérica» aún y quizás menos llevadera: la posibilidad (afirmativamente constatada en muchos casos) de que toda esta milenaria y alborotada progenie de la imaginación platónica, todas esas fulgurantes evocaciones del mundo perdido y sus desconcertantes antesalas –los dramas gnósticos, los jerarquizados andamiajes de Apuleyo y sus coetáneos, el intelectual mándala cósmico de Plotino y el extático universo de Marsilio Ficino, las *Wunderkammern* del emperador Rodolfo II, los claustrofóbicos laberintos y la redentora imaginación cristocéntrica de William Blake, las herméticas trastiendas frecuentadas por Carl Gustav Jung en su búsqueda de la piedra filosofal entre los vaivenes del alma...– sean algo más que las criaturas de una curiosidad desmedida sino que hayan nacido –como el *Eros* del mito platónico– de una aflicción sobrehumana, de una caótica carencia que asedió el corazón de sus artífices, y que pudo haber trastornado a muchos de ellos de no haber aprendido a movilizar todos sus recursos para transmutarla en una sabiduría que sólo puede parecer barroca, o superflua, a quien no ha tenido la desgracia –o la suerte, nunca se sabe– de padecer sus desasosiegos. «Permítaseme apoyarme en el alquimista –dice López-Pedraza en su *De Eros y Psique*– a quien le preguntaron qué había logrado con su *opus* y respondió: "una dulce herida, un suave mal"».[80] *Militat omnis amans* («Todo amante es un soldado») escribió Ovidio, el primer especialista oficial en el arte de las metamorfosis. Todos ellos –la dulce herida, la militancia amorosa– tópicos (*topoi*) de la retórica clásica, todos ellos tipos (*typoi*) de un mundo perdido que se entromete –con delicadeza o con brutalidad– en el frágil confort del nuestro.[81]

«A menos que aceptemos la existencia de un cierto ingrediente de paradoja deliberada –concluye Edgar Wind en el epílogo de su obra maestra– que calificaba la imitación de la Antigüedad por parte de los humanistas del Renacimiento, podemos juzgar equivocadamente toda la atmósfera en que fueron revividos los misterios paganos. Estos fueron respaldados por hombres de letras que habían aprendido de Platón que las cosas más profundas son expresadas mejor en un tono de ironía... Apuleyo e incluso Plutarco hablaron de los misterios en tono de burla. Sus formas literarias fueron admiradas y copiadas no

80. López-Pedraza, *op. cit.,* pág. 105.
81. El aspecto travieso y caprichoso del Eros niño a las órdenes de Venus, su madre, referente obligado de todos los rechonchos *putti* de la iconografía barroca, no debe hacernos olvidar su devastadora duplicidad: «Y no esperes un yerno nacido de estirpe mortal, sino un monstruo cruel, feroz y viperino, que, volando con sus alas por los aires, a todos importuna...» advierte a Psique el «oráculo antiquísimo del dios de Mileto», el dios Apolo célebre por su puntería, y que recoge aquí los ecos del Eros nocturno, solitario y primordial de la teogonía órfica.

sólo por estilistas profesionales como Aldus, Erasmo, Alejandro y More; incluso fueron imitadas en las escuelas filosóficas. *Serio ludere*, "jugar en serio", era una máxima socrática de Nicolás de Cusa, Ficino, Pico della Mirandola....»[82]

Como sabemos, en la ciudad libia de Sabratha Apuleyo fue acusado y absuelto de los cargos de ejercitar la magia, de recurrir a prácticas ilícitas para alterar a su favor el curso de la Fortuna y poder engatusar a una viuda... Nadie sospechó –ni siquiera Claudio Máximo, el legado imperial– que en el banquillo de los acusados se sentaba un esquivo personaje, un *showman* itinerante dotado de una magia aún más persuasiva: la de poder transformarse, *serio ludens*, en un esotérico *Philosophus Platonicus* que había aprendido de los mitos la engañosa duplicidad de la verdad, un iniciado en los misterios paganos capaz de metamorfosear –quién sabe si tras un lento, corrosivo, subterráneo, casi mineral aprendizaje que elude la biografía y las estatuas conmemorativas– una errática curiosidad por la magia en una mágica, pero bípeda, sabiduría, y al ciego *daimon* de la Fortuna en una redentora y mediterránea diosa de la Providencia.

Como cualquier otra conclusión, ésta resulta también –inevitablemente– de un ejercicio retórico; tiene, al menos, la ventaja de permitirnos «jugar en serio» con la escurridiza pelota que cuelga de nues-

82. Edgar Wind, *Pagan Mysteries in the Renaissance*, Faber and Faber, London, 1968 [*Los misterios paganos del renacimiento*, Barral Editores, Barcelona, 1972].

tro tejado y concederle a un pagano *bricoleur* del Imperio el derecho de acceder, en ese abrir y cerrar de ojos (*Augenblick*) en que la fábula cristalizó en el caleidoscopio de su mente, a una democrática y prometedora iluminación que cundió, como un seminal contrabando secreto, entre sus intérpretes: el íntimo gozo (*voluptas*) de haber desenmascarado a un ciego y despótico *daimon* que sostiene aún en su mano, para quien no quiere jugar en serio con un cuento, la efigie del Emperador.

Un Emperador que –como Apuleyo– conoce todos los juegos y todos los géneros, desde el esperpento hasta la tragedia, pero que –a diferencia de Apuleyo– sólo sabe sonreír, con su vieja y apática máscara de tahúr, cuando se le habla del mundo perdido.

Bibliografía

Apuleyo, *Las Metamorfosis o El Asno de Oro*. Introducción, texto latino, traducción y notas de Juan Martos. Consejo Superior de Investigaciones Científicas, Madrid, 2003.

Elizabeth Hazelton Haight, *Apuleius and his influence*, Longmans, Nueva York, 1927.

B. L. Hijmans y R. Th. van der Paardt, eds., *Aspects of Apuleius' Golden Ass* (vol. I), Bouma's Boekhuis B.V., Groninga, 1978.

Bibliografía general

Michael J. B. Allen, *Synoptic Art. Marsilio Ficino on the History of Platonic Interpretation*, Leo S. Olschki Editore, Florencia, 1998.

S. Angus, *The Mystery-Religions and Christianity: A study in the Religious Background of Early Christianity*, John Murray, Londres, 1928.

Apuleius of Madauros. *The Isis-Book (Metamorphoses, Book XI)*. Edited with an introduction, translation and commentary by J. Gwyn Griffiths, E. J. Brill, Leiden, 1975.

R. J. W. Evans, *Rudolf II and his world: A study in intellectual history*. Oxford University Press, Nueva York, 1973.

André-Jean Festugière, *La révélation d'Hermès Trismègiste* vol. III: *Le dieu inconnu et la gnose*, Éditions J. Gabalda, París, 1950.

André-Jean Festugière, *Personal Religion among the Greeks*, University of California Press, Berkeley, 1954.

Himnos a Isis. Traducción y estudio preliminar de Elena Muñiz Grijalvo, Trotta, Madrid, 2006.

Maeve C. O'Brien, *Apuleius' Debt to Plato in the Metamorphosis*, The Edwin Mellen Press, Lewiston, 2002.

Aldo Magris, *L'Idea di destino nel pensiero antico. Da Platone a S. Agostino* (vol. II), Del Bianco Editore, Udine, 1985.

A. D. Nock, *Conversion: The Old and the New in Religion from Alexander the Great to Augustine of Hippo*, Oxford University Press, Oxford, 1933.

Kathleen Raine, *Blake and tradition*, Bollingen series XXXV. Princeton University Press, Nueva Jersey, 1968.

P. G. Walsh. *The Roman Novel: The Satyricon of Petronius and the Metamorphoses of Apuleius*, Cambridge University Press, Cambridge, 1970.

R. E. Witt, *Isis in the Graeco-Roman World*, Cornell University Press, Ithaca, 1971.

ESTA TERCERA EDICIÓN DE *AMOR Y PSIQUE*,
DE APULEYO, SE ACABÓ DE IMPRIMIR Y
ENCUADERNAR EN SALAMANCA
EN LA IMPRENTA *KADMOS*
EN OCTUBRE
DE 2019

Títulos publicados

82. *Manual de filosofía portátil.* Juan Arnau. 3ª ed.

83. *La senda de las nubes blancas.* Lama Anagarika Govinda

84. *Libros proféticos II.* William Blake

85. *Filosofía para desencantados.* Leonardo da Jandra. 2ª ed.

86. *Itinerario poético.* Octavio Paz

87. *Fantastes.* George MacDonald

88. *Las mil y una noches I.* Anónimo. 2ª ed.

89. *Las mil y una noches II.* Anónimo. 2ª ed.

90. *Las mil y una noches III.* Anónimo. 2ª ed.

91. *Mercurius.* Patrick Harpur

92. *Salvar las apariencias.* Owen Barfield

93. *El arte de morir.* Peter y Elizabeth Fenwick

94. *Capturar la luz.* Arthur Zajonc. 2ª ed.

95. *Diosas.* Joseph Campbell. 3ª ed.

96. *Libros, secretos.* Jacobo Siruela. 2ª ed.

97. *Cinco llaves del mundo secreto de Remedios Varo.* VV. AA.

98. *El Palacio de las Dueñas.* Vicente Lleó / Luis Asín

99. *Bhagavadgītā.* Edición de Juan Arnau. 2ª ed.

100. *Obra completa bilingüe.* Arthur Rimbaud

101. *La invención de la libertad.* Juan Arnau

102. *Lluvia y otros cuentos.* W. Somerset Maugham

103. *Las casas de los rusos.* Robert Aickman

104. *La mente participativa.* Henryk Skolimowski

105. *Socotra.* Jordi Esteva

106. *A través del espejo.* VV. AA.

107. *La transformación.* Franz Kafka

108. *Vindicación del arte en la era del artificio.* J. F. Martel. 2ª ed.

109. *Siete cuentos japoneses.* Junichiro Tanizaki

110. *Las máscaras de dios. Volumen I.* Joseph Campbell. 2ª ed.

111. *Filosofía viva.* Henryk Skolimowski

112. *El impulso creativo.* W. Somerset Maugham

LINDA FIERZ-DAVID

LA VILLA DE LOS MISTERIOS DE POMPEYA

Traducción: Ana Becciú

Prólogo: Enrique Galán Santamaría

Formato: 14 x 22 cm

10 ilustraciones en color

272 págs. Rústica

Colección: Imaginatio vera

PVP: 20,00 €

ISBN: 978-84-935313-1-7

Linda Fierz-David dedicó toda su vida a la interpretación de estos frescos. Siguiendo el método de la psicología junguiana, cada escena es dilucidada con todo detalle y llegamos a conocer las diferentes fases del desarrollo emocional anímico por las que muchas mujeres de la Antigüedad tenían que pasar cuando se iniciaban en este ritual.

«La interpretación de la profesora Fierz-David, aunque muy ligada al psicoanálisis junguiano, jamás deja de tener en cuenta los muy ricos conocimientos en mitología clásica que hay que poseer y manejar para entrar en unas pinturas apretadísimas de significados, y en cierto sentido mucho más contemporáneas de lo que parecen. ¿Un libro más sobre Pompeya? Nada más lejos.»

Luis Antonio de Villena, *El País*

«*La Villa de los Misterios de Pompeya* es un ameno relato que participa del rigor científico. En este minucioso recorrido no faltan iluminadoras interpolaciones literarias –sobre todo de Goethe– que van ahondando los significados.»

Antonio Colinas, *El Mundo*

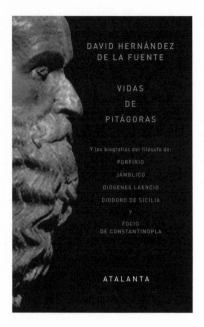

DAVID HERNÁNDEZ DE LA FUENTE

VIDAS DE PITÁGORAS

Formato: 14 x 22 cm

464 págs. Cartoné

Colección: Memoria mundi

PVP: 25,00 €

ISBN: 978-84-940941-7-0

2.ª edición

«Un libro espléndido [...] que ha tejido con paciencia, buen estilo y asombrosa erudición uno de nuestros helenistas jóvenes más conspicuos, cuya bibliografía, a pesar de su juventud, resulta apabullante.»

Luis Alberto de Cuenca, «ABC Cultural», *ABC*

«Un libro firmado por David Hernández de la Fuente, que ha restituido el papel del que pasa por ser el fundador de las matemáticas, la astronomía y la música a su dimensión religiosa en el seno del chamanismo griego. Un libro fundamental, delicioso, inagotable, y que contiene, además, varios libros en uno (por el mismo precio).»

Xavier Antich, *La Vanguardia*

«Yo, como un Próspero irrisorio, opté por la *non-fiction* y me sumergí también en la admirable edición de las *Vidas de Pitágoras* que David Hernández de la Fuente ha preparado para Atalanta.»

Manuel Rodríguez Rivero, «Babelia», *El País*